Jennifer Day · Schließe deine Augen und stell dir einmal vor ...

Jennifer Day

Schließe deine Augen und stell dir einmal vor ...

Wie Kinder durch Visualisieren ihr Selbstvertrauen stärken und Probleme lösen

Kösel

Übersetzung aus dem Englischen von Karin Petersen, Berlin. Die Originalausgabe erschien unter dem Titel »Creative Visualization with Children. A Practical Guide« bei Element Books Limited, Longmead, Shaftesbury, Dorset.

ISBN 3-466-30398-2
Copyright © 1994 by Jennifer Day
First published in Great Britain in 1994 by Element Books Limited, Longmead, Shaftesbury, Dorset
© 1996 by Kösel-Verlag GmbH & Co., München
Printed in Germany. Alle Rechte vorbehalten
Druck und Bindung: Kösel, Kempten
Umschlag: Elisabeth Petersen, Glonn
Umschlagmotiv: Brigitte Smith, München

1 2 3 4 5 · 99 98 97 96

Inhalt

Vorwort von Shakti Gawain 11
Dank 12
Einleitung 13

Teil I

Eine Sitzung strukturieren 19

Wie die Sitzungen durchgeführt werden sollten 20
Eine beispielhafte Sitzung 23

    Hindernisse loslassen 23
    Kreative Bewegung 24
    Tanzimprovisation 25
    Atmen 26
    Zentrieren/Meditieren 26
    Kreative Visualisierung 28
    Kreative Aktivität 29
    Sich austauschen 29
    Sich verströmen 30

Teil II

Vorbereitung 33

Wie Sie am besten mit diesem Buch arbeiten 34
Hindernisse loslassen 36

Anspannen und loslassen 37
Schütteln 38
Ein Baum sein 39
Tanken Sie neue Energie! 40
Fort in Schnelle! Fort in Schnelle! 41

Kreative Bewegungen 42

Yoga 42
Stretching 46
Isometrische Körperübungen 48
Tanzen 50

Kinetische Übungen 52

Atmen 60

Tiefes Atmen 61
Atmen, um sich zu zentrieren 62
Atmen, um sich zu zentrieren – eine andere Form 62

Zentrierung und Meditation 65

Teil III

Kreative Visualisierungen 75

Mit Kindern kreativ visualisieren 76

Einen Garten anlegen 77

Der Weg 77
Der Professorenbaum 78

Wolkenbilder 80
Der Spiegelsee 81
Der Kristallberg 82
Der fliegende Teppich 84
Die Regenbogenbrücke 85
Die Heilungsfeen 86

Selbsterziehung 89

Alpträume 89
Nervös bedingte Beschwerden und Schmerzen 90
Ärger 91
Irrationale Ängste 92
Unruhe und Besorgnis 93

Probleme lösen 95

Der Professorenbaum 95
Der Palast 97
Das Herz 100

Ziele setzen 103

Dein Büro 104
Dein Theater 105

Freundschaften und Familie 107

Wahrnehmung 108
Das Herz 110
Jemand anderes sein 111

Globales Bewußtsein 113

Der Same 113
Der Baum 114

Der Globus 115
Die Sterne 116

Visualisierungen für kreative Aktivitäten 118

Erde 120
Luft 121
Wasser 122
Bild 123

Teil IV

Aktivitäten 125

Kreative Aktivitäten 126

Sich austauschen 131

Sich verströmen 134

Liebesnetz 134
Universelle Liebe 135

Wie geht es weiter? 137

Buchempfehlungen 139

Für Kinder und Eltern 140
Für Eltern und andere Erwachsene 141
Musikempfehlungen 142

Nützliche Adressen 144

Für Tammy

Vorwort

In all den Jahren, in denen ich Menschen das kreative Visualisieren beigebracht habe, wurde ich immer wieder gefragt, wie man diese äußerst wirkungsvolle Technik erfolgreich mit Kindern anwenden kann. Jetzt hat Jennifer Day mit ihrem Buch eine wunderbare Anleitung genau für diese Zwecke geschaffen.

Schließe deine Augen und stell dir einmal vor ... liefert klare und praktische Schritte, die leicht anwendbar sind. Kinder sämtlicher Altersstufen sowie deren Eltern werden feststellen, daß die Übungen hilfreich und inspirierend sind und vor allem Spaß machen.

Wenn Sie Ihre Kinder oder Schüler gern anleiten möchten, ihre Vorstellungskraft als Hilfe zu nutzen, um zu lernen sowie neue Aspekte der eigenen Persönlichkeit zu entwickeln, Probleme zu lösen und Ziele zu erreichen, empfehle ich Ihnen dieses Buch.

Shakti Gawain

Dank

Ich möchte den Menschen, ohne die dieses Buch niemals geschrieben worden wäre, von Herzen danken: Allen Kindern, die ich jemals unterrichtet habe – vor allem Adam, Jodie, Emma, Maria, Sophie, Kathy und Tammy. Euch danke ich für all unsere innigen Augenblicke und dafür, daß Ihr mir Mut gemacht habt, dieses Buch zu schreiben. Deborah Rozman danke ich dafür, daß sie mich so großzügig unterstützt und inspiriert hat. Ihre hingebungsvolle Pionierarbeit mit Kindern ist für uns bahnbrechend und vorbildlich. Stephanie Herzog danke ich dafür, daß sie ihr Wissen und ihre Erfahrungen so großzügig mit mir geteilt hat. Sämtlichen Mitarbeiterinnen und Mitarbeitern vom Institute of Heart Math in Kalifornien danke ich dafür, daß sie das Herz in den Mittelpunkt ihrer inspirierenden Arbeit stellen. An das Holistic Education Network in England geht mein Dank für die wertvolle Unterstützung. Meinem Verleger Michael Mann danke ich besonders für sein Vertrauen, meinem Lektor John Baldock für seine wertvolle Begleitung. Am meisten aber danke ich dir, meiner Tochter Tammy, für deine wunderschönen Illustrationen und dafür, daß du meine größte Freude, Inspiration und Lehrerin bist.

Jennifer Day

Einleitung

Ein Achtjähriger beschrieb mir Phantasie und das kreative Visualisieren neulich als »... die Kraft«. Als ich ihn bat, das näher auszuführen, sagte er: »... man macht aus dem, was man sich vorstellt, eine Kraft, die alles im Leben verbessern kann!«

Ich glaube, daß viele Erwachsene mit diesem Kind übereinstimmen würden. Immer mehr Menschen genießen Tag für Tag in sämtlichen Bereichen ihres Lebens die Wohltaten des kreativen Visualisierens. Künstler, Sportler, Geschäftsleute, Menschen in heilenden Berufen, Erzieherinnen und viele andere wenden es für ihre berufliche, gesundheitliche und persönliche Entwicklung erfolgreich an. Ob wir nun das kreative Visualisieren oder andere Instrumente der Selbstentfaltung nutzen, Anleitung und Hilfe sind leicht zugänglich. Zahlreiche Bücher, Artikel, Vorträge, Workshops, Retreats, Lehrer und Gurus stehen uns zur Verfügung – und ihre Zahl wächst laufend.

Ganz gleich, welchen Bereich von Selbsthilfe wir wählen, wenn wir unsere persönliche Entwicklung verfolgen, beobachten unsere Kinder uns und werden oft nachhaltig beeinflußt von den Veränderungen, die sie miterleben. Ihre Erfahrungen – und das betrifft nicht nur die Auswirkungen der Veränderungen in ihrer Familie, sondern auch den ständigen Wandel in unserer Gesellschaft und in der ganzen heutigen Welt überhaupt – sind einzigartig. Keine Generation ist bislang in einer Umgebung aufgewachsen, die so stark von permanenten und tiefgreifenden Veränderungen geprägt ist. Und trotzdem gibt es wenig Hilfe und Anleitung für diese Kinder unseres sich so rasch entwickelnden Zeitalters!

Wir brauchen aber Wege, um diese junge Generation anleiten und ihr beistehen zu können. Ohne diese Wege, die sie beschreiten können, wächst die Wahrscheinlichkeit, daß unsere Kinder als Erwachsene ebensoviel Therapie- und Heilungsarbeit benötigen wie wir heutzutage.

Obwohl die meisten Eltern einsehen, daß diese Anleitung erforderlich ist, lautet die Frage für viele: Wie können wir unsere Kinder anleiten, wenn wir uns selbst in einem ständigen Lernprozeß befinden?

Der Witz ist, daß wir oft gerade dann die besten Lehrmeister für unsere Kinder sind, wenn wir selbst am meisten lernen. Diese untrügliche Wahrheit wird noch deutlicher, wenn wir den Prozeß der Anleitung aus vorbeugender Sicht betrachten.

Stellen Sie sich einmal eine Zwiebel vor. Sie beginnt ihr Leben als Same. Während sie wächst, bildet sie allmählich viele Hautschichten, eine nach der anderen, und jede Schicht macht es uns schwerer, zum Kern der Zwiebel vorzudringen.

Genauso wie die Zwiebel bilden auch wir Menschen Schichten. Bei uns besteht jede Schicht aus Blockierungen, Einstellungen und Vorstellungen, die wir uns aneignen, während wir durch das Leben gehen. Und wie bei der Zwiebel wird es auch für uns mit jeder Schicht schwerer, zum Kern unseres Wesens zu gelangen.

Heute versuchen immer mehr von uns, diese Schichten abzuschälen, denn wir möchten uns wieder mit dem Kern unseres Selbst und mit unserem »inneren Kind« verbinden. Dieser Prozeß kann ebenso tränenreich verlaufen wie das Schälen einer Zwiebel – obwohl er meistens etwas traumatischer verläuft! Die meisten von uns würden ihren Kindern – hätten wir die bewußte Wahl – diesen Schälprozeß nicht wünschen. In dem Maße jedoch, wie wir selbst wacher werden, sind wir als Eltern auch besser in der Lage, vorbeugende Maßnahmen zu ergreifen. Auch wenn wir wissen, daß jeder junge Mensch, der auf der Suche nach Unabhängigkeit ist, sich bis zu einem gewissen Grade »schälen« oder Dinge »ungeschehen machen«

muß, sollten wir erkennen, daß dieser Prozeß nicht zwangsläufig traumatisch zu verlaufen hat. Wenn ein Mensch in seiner Kindheit fundierte und liebevolle Anleitung erhält, als junger Erwachsener in sich ruht und das Gefühl innerer Sicherheit und inneren Wissens entwickelt hat, ist der Prozeß nicht nur wohltuend *für* ihn, sondern tut ihm auch gut und kann aufschlußreich für ihn sein.

Wenn wir das im Kopf behalten, dann können wir die Anleitung unserer Kinder einerseits als vorbeugenden Akt, andererseits aber auch als wichtigen Entwicklungsprozeß sehen. Indem wir auf unsere eigenen Erfahrungen beim »Schichten« und »Schälen« zurückgreifen, begreifen wir, wie wichtig es ist, vorzubeugen. Wir verstehen dann auch, daß die Prozesse, die unseren Kindern helfen sollen, innere Stärke und inneres Wissen zu entwickeln, tiefgreifend und wirkungsvoll sein müssen.

Wenn wir selbst ein Gefühl dafür entwickelt haben, wie wunderbar die Selbstentdeckung ist, dann können wir auch unsere Kinder anleiten und inspirieren, ihre innere Welt zu entdecken und zu erweitern. Indem wir uns mit unserem eigenen inneren Kind verbinden, können wir mit unserem Kind auf vielen Ebenen in Beziehung treten und sein immenses Potential für ein reiches evolutionäres Wachstum ganz konkret erfahren.

Wenn wir erst einmal beginnen, diese Seiten von uns zu erforschen – und kreatives Visualisieren ist ein wesentliches Handwerkszeug auf diesem Weg –, gelangen wir bald zu der Erkenntnis, daß wir unsere Kinder auf ihrem Pfad zu persönlichem inneren Wachstum sehr wohl anleiten *können*. Wenn wir ihnen diese Anleitung geben, kann sich außerdem eine neue Dimension unserer Erfahrungen als Eltern entwickeln.

Diese Erkenntnis geht oft einher mit der Einsicht, daß kreatives Visualisieren ein ganz natürlicher und äußerst idealer Weg ist, uns bei der Erziehung unserer Kinder zu unterstützen. Insbesondere wenn wir das kreative Visualisieren anwenden, um unser eigenes inneres Kind zu erforschen, ergibt sich diese Sichtweise ganz zwangsläufig.

Was also ist kreatives Visualisieren genau?

Kreatives Visualisieren ist die bewußte Anwendung der Phantasie und Vorstellungskraft, die wir in unserem Alltagsleben aktiv einsetzen, um Ziele zu erreichen, Hindernisse zu überwinden sowie unsere Selbstwahrnehmung und unsere Lebensqualität insgesamt zu fördern. Kreatives Visualisieren, wie es in diesem Buch beschrieben wird, zielt natürlich darauf ab, die Lebensqualität Ihrer Kinder jetzt und zukünftig zu verbessern und zu fördern – auch wenn kein Zweifel daran bestehen kann, daß Sie selbst ebenfalls viele wohltuende Auswirkungen spüren werden.

Mit Kindern kreativ zu visualisieren, ist besonders lohnenswert, da dieser Prozeß für sie fast so etwas wie eine zweite Natur ist. Kinder haben sowohl das natürliche Bedürfnis als auch die Fähigkeit, kreativ und phantasievoll zu spielen, deswegen fällt ihnen die bewußte Anwendung von bildlichen Vorstellungen überhaupt nicht schwer. Sie leuchtet den meisten Kindern mit Sicherheit mehr ein als vieles andere, was ihnen beigebracht wird!

Da das kreative Visualisieren für Kinder ein natürliches Werkzeug ist, wird es ihnen helfen, sehr viel wacher und zentrierter aufzuwachsen, als es sonst der Fall wäre. Durch die Anwendung der verschiedensten Visualisierungstechniken werden sich unsere Kinder ihre natürliche, angeborene Verbindung zu ihrem kreativen und spirituellen Selbst bewahren. Und wir als Eltern oder Erzieher können ihnen zeigen, wie sie durch kreatives Visualisieren ihr eigenes inneres Kind nähren und schätzen lernen. Dadurch tragen wir nicht zur zum Wachsen, sondern auch zum Blühen der selbstbewußten, intuitiven, kreativen und liebevollen Individuen bei, die wir selbst gern werden möchten.

Für Kinder mit besonderen Bedürfnissen oder Problemstellungen – wie heftige Alpträume, irrationale Ängste, Übersensibilität, Hyperaktivität oder Konzentrationsschwäche – kann das kreative Visualisieren ein unschätzbares und unentbehrliches Mittel sein, ihre Problematik zu überwinden oder sich ihr zu stellen.

Am wichtigsten aber ist, daß der Prozeß des persönlichen inneren Wachstums durch die Anwendung des kreativen Visualisierens Spaß macht! Die aktive Vorstellungskraft gibt Kindern die Möglichkeit, freudig und harmonisch ihr ganz persönliches individuelles Potential zu erfahren und zu leben.

Dieses Buch stellt eine Reihe von grundlegenden, wirkungsvollen Möglichkeiten vor, wie Sie mit Ihren Kindern kreativ visualisieren können. Sie können diese Prozesse mit einem Kind, mit Ihrer ganzen Familie oder sogar mit einer Spielgruppe oder in einer Schulsituation anwenden. Meiner Erfahrung nach können die Übungen erfolgreich in Gruppen von zwei bis zu zwanzig Teilnehmern durchgeführt werden.

Die einfachen Techniken, Grundlagen und Ideen beruhen auf meiner mehr als zwanzigjährigen Erfahrung in der Arbeit mit Kindern und Teenagern überall in der Welt. Aber auch durch meine eigene Tochter habe ich viel gelernt. Die Übungen sind leicht durchzuführen und werden Ihren Kindern dabei helfen, Kreativität, Selbstachtung, Konzentration und eine eigene Haltung zu entwickeln, ihre Wachheit und Selbstbeherrschung fördern und ihnen ein Gefühl von Zentriertsein schenken, das ihre innere Sicherheit fördert, die für Kinder, die in den turbulenten neunziger Jahren aufwachsen, entscheidend ist.

Mit diesem Buch können alle Eltern und Erzieher arbeiten, unabhängig davon, ob das kreative Visualisieren für sie neu ist oder ob sie damit bereits vertraut sind und bestimmte Formen der Selbsterfahrung, Meditation oder kreativen Visualisierung praktizieren.

Ich wünsche Ihnen allen viel Spaß!

Teil I

Eine Sitzung strukturieren

Wie die Sitzungen durchgeführt werden sollten

Wie bei den meisten Dingen im Leben, brauchen wir auch für das kreative Visualisieren einen gewissen Rahmen. Auch wenn es wichtig ist, sich die individuelle Freiheit zu bewahren, ist eine Grundstruktur notwendig, die uns den Rahmen gibt, in dem wir kreativ sein und fokussiert bleiben können. Meiner Erfahrung nach ist die *Reihenfolge* des Prozesses, in der eine Sitzung in kreativem Visualisieren verläuft, der wichtigste Aspekt der Struktur, da sie eine entscheidende Rolle sowohl für das energetische Niveau und den energetischen Fluß als auch für die Offenheit, Empfänglichkeit und Ausgewogenheit spielt.

Der folgende Ablauf läßt aber auch Raum dafür, die Sitzung auf Ihre eigenen Bedürfnisse sowie die Ihres Kindes abzustimmen und mit dem zu experimentieren, was Sie während der Arbeit entdecken. Im allgemeinen ist es ratsam, diesen Ablauf als grundlegende strukturelle *Richtlinie* zu benutzen und damit ein Gefühl für Kontinuität herzustellen und zu verankern.

Die angegebenen Zeiten gelten für eine anderthalbstündige Sitzung. Da die Länge der Sitzungen variieren kann, sind diese Zeiten als Anhaltspunkt gemeint und können entsprechend Ihrer individuellen Situation geändert werden.

1. *Hindernisse loslassen:* Diesem Prozeß sollten Sie zu Beginn jeder Sitzung etwa 5 Minuten widmen. Das ist wichtig, um Spannungen loszulassen, die die restliche Sitzung oder irgendeinen der Prozesse blockieren oder stören könnten.

2. *Kreative Bewegung oder Kinetische Übungen:* 10 bis 15 Minuten sollten für die eine oder andere Bewegungsform eingeplant werden. Für welche Form Sie sich auch entscheiden, bleiben Sie mindestens drei oder vier Sitzungen dabei – oder so lange, bis Ihr Kind mit den Grundideen vertraut ist und sich damit wohl fühlt –, bevor Sie zu einer anderen übergehen. Sie können natürlich auch unbegrenzt bei einer Form bleiben, wenn Ihr Kind wirklich Spaß daran hat!

3. *Atmen:* Es ist ratsam, etwa 5 Minuten tief in den Bauch zu atmen oder andere Atemübungen zu machen, um den Energiefluß zu verstärken und die Aufmerksamkeit zu fokussieren.

4. *Meditation und Zentrierung:* Für diesen Prozeß, die Aufmerksamkeit zu zentrieren und die Energie zu fokussieren, können Sie – je nach den Bedürfnissen und der Konzentrationsfähigkeit Ihres Kindes – 15 Minuten verwenden.

5. *Kreatives Visualisieren:* Es empfiehlt sich, an das Zentrieren oder die Meditation einen zehnminütigen Prozeß anzuschließen, der je nach Konzentrationsspanne und den Bedürfnissen Ihres Kindes verlängert werden kann. Die kreative Visualisierung können Sie aus jedem der folgenden Kapitel wählen: Einen Garten anlegen, Selbsterziehung, Probleme lösen, Ziele setzen, Freundschaften und Familie, Globales Bewußtsein oder Visualisierungen für kreative Aktivitäten.

6. *Kreative Aktivität:* Dafür können Sie 20 bis 30 Minuten verwenden, einschließlich eines kurzen Aufräumens, falls notwendig!

7. *Austausch:* 10 Minuten sind dafür eine gute Zeit, aber das hängt auch sehr von der Anzahl der Teilnehmenden ab.

8. *Sich verströmen:* Eine einfache Übung zur Erweiterung des Bewußtseins, um die Sitzung abzuschließen, die 4 bis 5 Minuten dauern kann.

Es ist wichtig, in der Sitzung ein ausgewogenes Tempo beizubehalten. Achten Sie auf die Konzentration und das Energieniveau Ihres Kindes, und stimmen Sie Ihr Tempo darauf ab. Während der Zentrierungsprozeß nach innen verläuft, wird die Energie bei aktiven Prozessen nach außen gerichtet. Auch wenn das Kind sich dieses Ablaufs nicht unbedingt bewußt ist, kann er zur Grundlage für ein Gleichgewicht in seinem Leben und seiner Zukunft werden. Deswegen ist es wesentlich, daß Sie darauf achten, dieses Gleichgewicht zu bewahren.

Achten Sie auch auf die Energie Ihres Kindes oder Ihrer Kinder. Es kann nicht genug betont werden, wie wichtig Flexibilität und Anpassungsvermögen sind. Die Energien Ihres Kindes oder Ihrer Kinder werden ständig wechseln – das gilt besonders für Teenager. Es ist wichtig, sensibel für diese Schwankungen zu sein und Ihr Vorgehen entsprechend darauf abzustimmen oder zu verändern, ohne daß Sie die Zielrichtung und den Zweck der Sitzung aus den Augen verlieren.

Auf den folgenden Seiten finden Sie nun zu jedem Abschnitt einer Sitzung kleine Kapitel mit zahlreichen verschiedenen Prozessen, aus denen Sie wählen und Ihre Sitzungen zusammenstellen können. Ich schlage vor, daß Sie erst einmal sämtliche Kapitel durchlesen – und sogar einige der Prozesse selbst ausprobieren –, bevor Sie eine Auswahl treffen und die Übungen mit Ihrem Kind versuchen.

Im nächsten Kapitel gebe ich Ihnen ein Beispiel für eine Sitzung, das Sie – wenn Sie möchten – so lange als »Modell« benutzen können, bis Sie anfangen, aus den folgenden Kapiteln Ihre eigenen Sitzungen zu entwikkeln.

Bitte betrachten Sie diese Sitzung oder die Ausführungen und Prozesse in diesem Buch nicht als vollendete Tatsachen, sondern als eine Grundlage, auf der Sie zusammen mit Ihrem Kind etwas entwickeln, kreieren und wachsen können.

Eine beispielhafte Sitzung

Bevor Sie anfangen, müssen Sie darauf achten, daß Sie genug Platz haben, daß Ihr Raum gut gelüftet und beleuchtet ist und daß er eine angenehme Temperatur hat. Tragen Sie beide (oder alle) lockere und bequeme Kleidung, ohne durch Gürtel oder ähnliches eingeschnürt zu sein. Und schließlich müssen Sie dafür sorgen, daß Sie in den nächsten eineinhalb Stunden (oder während der Zeit Ihrer Sitzung) nicht gestört werden.

Hindernisse loslassen

Legen Sie eine Kassette mit Schlagzeug oder einfacher Trommelmusik auf. Stimmen Sie sich jetzt auf den Rhythmus ein, während Sie mit den Füßen auf den Boden stampfen. Lassen Sie Ihre Knie leicht gebeugt und entspannt. Fahren Sie damit fort und stellen Sie sich dabei vor, daß alle Ihre Spannungen durch Ihre Füße in den Boden fließen. Schütteln Sie auch Ihre Hände und Arme aus und stellen Sie sich dabei vor, daß all Ihr Streß und Ihre Anspannung aus Ihrem Körper geschüttelt wird. Fahren Sie fort, Ihrem Kind diese Anweisungen zu geben – sprechen Sie sie jedesmal aus, wenn Sie daran denken! Schütteln Sie sich weiter, bis Ihr ganzer Körper sich kräftig und entspannt schüttelt – einschließlich Ihres Kopfes! Erlauben Sie sich ruhig, ein paar Schreie auszustoßen, wenn Ihnen danach ist.
Nachdem Sie jetzt Ihre ganze Spannung abgeschüttelt haben, machen Sie ein paar tiefe Atemzüge und bleiben ruhig stehen, die Füße hüftweit auseinander, die Arme entspannt an den Körperseiten. Legen Sie statt der Trommeln nun eine ruhige, melodische Musik auf. Bitten Sie Ihr Kind, sich

vorzustellen, daß seine Fußsohlen Wurzeln haben, die in die Erde wachsen. Stellen Sie sich vor, daß Ihr Körper ein langer, biegsamer Baum ist und Ihre Fesseln das Gelenk, aus dem Sie sich bewegen oder wiegen. (Manchmal hilft es, wenn Sie Ihre Kinder die Augen schließen lassen, damit sie sich wirklich wie ein Baum »fühlen«.) Bitten Sie jetzt Ihr Kind, sich so weit wie möglich vorzubeugen, als würde es behutsam von einer sanften Brise erfaßt. Bitten Sie es, die Fersen möglichst am Boden zu lassen und die Knie weiter zu entspannen. Weisen Sie es dann an, zur Mittelposition zurückzukehren und sich nach einer Seite zu beugen – dann zur anderen Seite, so weit wie möglich und ohne die Fersen zu heben, denn sonst werden die Wurzeln des Baumes zerstört! Und schließlich bitten Sie Ihr Kind, sich möglichst weit nach hinten zu beugen. Weisen Sie es jetzt an, genau darauf zu achten, wo es beim Beugen irgendeine Spannung empfindet – und wieviel Spannung es braucht, um zu stehen oder sich zu bewegen? Bitten Sie Ihr Kind, herauszufinden, an welchem Punkt der Baum am stabilsten ist. Wo befindet es sich vollkommen im Gleichgewicht, ohne in Schultern, Nacken, Beinen oder Füßen Spannungen festzuhalten? Lassen Sie es sich eine Weile hin- und herwiegen, um diese vollkommen ausbalancierte Haltung zu finden. Sobald es sie gefunden hat, sagen Sie ihm, es solle die Augen geschlossen halten, einen Augenblick ganz still stehen und seine ganz persönliche Haltung des vollkommenen Gleichgewichts genießen. Nehmen Sie zusammen ein paar tiefe Atemzüge, und legen Sie Musik für die kreative Bewegung oder die kinetischen Übungen auf.

Kreative Bewegung

Dehnen und Strecken: Sie beide (oder die ganze Gruppe) sitzen sich auf dem Boden gegenüber. Kreuzen Sie Ihre Beine und atmen Sie tief ein. Beim Ausatmen beugen Sie sich mit ausgestreckten Armen langsam nach vorn, bis Ihre Hände den Boden berühren. Atmen Sie mehrmals tief ein und aus. Versuchen Sie mit jedem Ausatmen etwas weiter nach vorn zu kommen. Stellen Sie sich vor, daß nur wenige Zentimeter vor Ihnen etwas liegt, das Sie gerne haben wollen. Greifen Sie jetzt danach! Atmen Sie langsam ein und richten Sie sich mit dem Ausatmen wieder auf.

Sitzen Sie mit gerader Wirbelsäule, die Beine gekreuzt, die Arme ruhen leicht auf Ihren Knien, die Ellenbogen sind gestreckt. Lassen Sie jetzt Ihre Handgelenke nach außen kreisen, wobei Ihre Hände einen vollen Kreis beschreiben, dreimal nach außen und dreimal nach innen. Stellen Sie sich vor, etwas wirklich Klebriges – zum Beispiel Kleister oder Sirup – umzurühren. Dann schütteln Sie Ihre Hände kräftig aus (um das Klebezeug abzuschütteln) und entspannen.

Strecken Sie die Beine vor sich aus und atmen Sie tief ein. Kommen Sie beim Ausatmen langsam nach vorn und lassen Sie zu, daß Ihr Kopf von seinem eigenen Gesicht zu Ihren Knien gezogen wird. Atmen Sie leicht und gleichmäßig weiter. Halten Sie Schultern und Nacken entspannt und vergessen Sie nicht, Ihr Kind anzuweisen, das gleiche zu tun! Fahren Sie fort, nach vorne zu kommen, und spüren Sie den Sog der Schwerkraft, bis Sie Ihren Knien einen richtig dicken Kuß geben können! Atmen Sie langsam aus, während Sie sich aufsetzen. Wiederholen Sie den Ablauf. Entspannen Sie!

Tanzimprovisation

Spielen Sie ein Stück Musik Ihrer Wahl – aber achten Sie darauf, daß Ihr Kind und Sie die Musik beide mögen. Sitzen Sie ein paar Minuten still und hören Sie der Musik zu – am besten mit geschlossenen Augen. Sobald Sie sich mit der Musik vertraut fühlen, beginnen Sie, sich allmählich zu bewegen. Sie können Ihre Augen jetzt öffnen! Ermutigen Sie Ihr Kind – und sich! – freundlich, frei nach der Musik zu tanzen und dabei genau auszudrücken, was es fühlt, als ob die Musik durch es spielt. Sie können allein oder zusammen tanzen, Seite an Seite oder Rücken an Rücken – wie Sie sich am wohlsten fühlen. Genießen Sie Ihren Tanz!

Atmen

Setzen Sie sich bequem hin, entweder auf den Boden, auf den Rand eines Kissens oder auf einen Stuhl. Achten Sie darauf, daß die Wirbelsäule gerade ist und Ihre Glieder entspannt sind.

Fangen Sie an, indem Sie sich auf den Atem konzentrieren. Bitten Sie Ihr Kind, sich beide Hände leicht auf den Magen zu legen. Jetzt weisen Sie es an, einzuatmen und dabei zuzulassen, daß Brustkorb und Magen sich weiten. Entspannen Sie beim Atmen Mund und Kiefer, so daß die Luft ungehindert bis hinunter in Ihre Lungenspitzen fließen kann. Sagen Sie Ihrem Kind, es solle versuchen zu spüren, wie sich der ganze Unterleib ausdehnt und mit Luft füllt. Dann lassen Sie die Luft *allmählich* heraus, beim Unterleib beginnend, bis die ganze Luft ausgeatmet ist. Wiederholen Sie den Ablauf. (Vielleicht brauchen Sie anfangs etwas Zeit, beim Atmen mit dem Unterleib in Kontakt zu kommen. Aber mit Geduld wird es Ihnen bald gelingen!)

Nachdem Sie diese Atemübung etwa zehnmal wiederholt haben, weisen Sie Ihr Kind an, einfach ein paar Minuten gleichmäßig und natürlich zu atmen und sich dabei auf seinen eigenen natürlichen Atem zu konzentrieren.

Zentrieren/Meditieren

Weisen Sie Ihr Kind an, weiter gleichmäßig und natürlich zu atmen und sich auf einen Punkt vor sich und etwas oberhalb von sich zu konzentrieren. Bitten Sie es, zu spüren, wie seine Augenlider schwerer werden, während es sich auf diesen Punkt konzentriert. Sagen Sie ihm, es solle seine Augen schließen, sobald es sich natürlich anfühlt (was passieren wird, wenn es sich lange genug auf den Punkt vor sich konzentriert!). Lesen Sie Ihrem Kind dann den folgenden Text vor und achten Sie darauf, daß Ihre Stimme ruhig und sanft klingt und gut hörbar ist. Versuchen Sie einen monotonen Tonfall zu vermeiden und machen Sie regelmäßig Pausen, damit alles, was Sie sagen, aufgenommen werden kann.

Lege deine Hand sanft auf dein Herz und lausche deinem Herzschlag. Spüre den Rhythmus – wird er langsamer oder ist er gleichmäßig? ... Bleibe mit deiner Aufmerksamkeit ganz beim Herzen. Wenn dir andere Gedanken in den Kopf kommen, laß sie vorbeitreiben wie Blütenblätter auf einem Fluß und kehre mit deiner Aufmerksamkeit wieder zurück zu deinem Herzen. Während du mit deiner Aufmerksamkeit dort bleibst, denke jetzt an etwas oder jemanden, das oder den du liebst *(hier können Sie ein Kuscheltier oder ein Lieblingsspielzeug, ein Tier oder einen Ort erwähnen, an dem Ihr Kind besonders hängt)* – vielleicht an eine Umarmung oder ein Hundebaby – spüre, was der Gedanke in deinem Herzen auslöst ... wie fühlst du dich dabei? Fühlt dein Herzbereich sich anders an ... vielleicht angenehmer? ... Halte das liebevolle Gefühl eine Weile in deinem Herzen fest, bleibe wirklich dabei. Genieße es ...

Schweigen Sie dann ein paar Minuten oder so lange, wie Ihr Kind aufmerksam sein kann. An diesem Punkt können Sie eine Kassette mit Entspannungsmusik auflegen und den Ton ganz allmählich laut drehen, aber nie so laut, daß die Musik von Ihrer Stimme ablenkt. Dies ist die richtige Zeit, um mit der kreativen Visualisierung zu beginnen.

Kreative Visualisierung

Sprechen Sie während dieses ganzen Prozesses weiter mit ruhiger und hörbarer Stimme und vergessen Sie nicht, immer wieder Pausen einzulegen.

Jetzt möchte ich, daß du dir einen Weg in der Natur vorstellst ... ganz wie du ihn haben möchtest ... breit, eng, gewunden, gerade, an einem Fluß entlang oder am Meer, im Wald oder in den Bergen ... ganz wie du es willst. Jetzt möchte ich, daß du den Weg entlanggehst, bis du zu einem Baum kommst, einem Baum mit vielen Ästen. Dies ist dein Sorgenbaum, der Baum, an den du all deine Sorgen hängst. Mache einen Augenblick halt und lade all deine Sorgen ab – ganz gleich, wie gering sie sein mögen. Hänge sie alle an den Baum, bevor du weitergehst ... Jetzt folge weiter deinem Weg. Wenn Steine oder Zweige oder andere Hindernisse auftauchen, halte an und schiebe sie behutsam zur Seite. Gib ihnen etwas von der Liebe, die du in deinem Herzen hast, und gehe weiter. Bald kommst du zu einer kleinen Pforte, die ganz mit deinen Lieblingsblumen zugewachsen ist. Rieche ihren lieblichen Duft, während du die Pforte behutsam aufschiebst. Wenn du durch deine Pforte gehst, betrittst du den wunderschönsten Garten, den du je gesehen hast. Er ist genau so, wie du ihn haben möchtest, und er gehört dir ganz allein ... alle Farben in deinem Garten sind leuchtend und schön. Die Sonne scheint, die Vögel singen ein Willkommenslied, und du fühlst dich hier ganz sicher und friedlich ... Wandere eine Weile durch deinen Garten und forsche ... *(machen Sie einen Augenblick oder so lange, wie Ihr Kind seine Aufmerksamkeit halten kann, Pause)* ... Bevor du jetzt gehst, möchte ich, daß du dem Garten dafür dankst, daß er für dich da ist und daß er so vollkommen ist. Wisse, daß dein Garten *immer* für dich da ist, wenn du ihn brauchst ... *(Wenn Sie Musik im Hintergrund spielen lassen, können Sie jetzt anfangen, sie beim Sprechen langsam herunterzudrehen, bis sie fast nicht mehr zu hören ist. Wenn Sie sich* *dem Ende des Prozesses nähern, sprechen Sie etwas schneller und stellen Sie die Musik ganz ab.)* Jetzt komme mit deiner Aufmerksamkeit langsam zum Herzen zurück ... Hat sich dein Herzschlag verändert? Spüre die Liebe in deinem Herzen und schicke sie im ganzen Körper herum ... Spüre das schöne Gefühl von Liebe überall ... Jetzt bringe deine Aufmerksamkeit zum Atem. Ist er langsamer geworden? Komme jetzt mit deiner Aufmerksamkeit ganz allmählich zurück in diesen Raum ... und wenn du dich bereit fühlst, kannst du deine Augen öffnen und weißt, daß ... *(hier fügen Sie die Aktivität ein, die Sie gewählt haben)* sehr viel Spaß machen wird, wir werden es wirklich genießen und viel davon haben!

Kreative Aktivität

Wenn Sie noch nicht entschieden haben, was Sie tun möchten, schlage ich Ihnen vor, zu malen oder zu schreiben – was Ihnen beiden am besten liegt. Zeichnen oder schreiben Sie, was Ihnen gerade einfällt, *ganz gleich, was es ist.* Es muß für Sie im Augenblick keinen Sinn ergeben. Bitte weisen Sie Ihr Kind ausdrücklich darauf hin. Es kann malen oder schreiben, *was es will.* Ich habe festgestellt, daß es äußerst günstig ist, wenn Kinder wissen, daß sie Ihnen nicht zeigen müssen, was sie gemalt oder geschrieben haben, es sei denn, sie wollen es. Versuchen Sie nicht, das Kind zu überreden, damit es Ihnen zeigt, was es verfaßt hat. Das ist seine persönliche Angelegenheit – wie für Sie auch!

Sich austauschen

Wenn Sie mit dem aktiven Teil fertig sind, kann ein Austausch zwischen Ihnen sehr wertvoll sein, vorausgesetzt, Sie beide oder sämtliche Beteiligten möchten sich mitteilen und das, was sie sagen, wird nicht beurteilt.

Herz-zu-Herz-Austausch: Das ist eine ideale Form des Austauschs für zwei Menschen. Wenn Sie sich von Herz zu Herz austauschen, spricht eine Person – sie teilt eine Erfahrung so detailliert wie möglich mit (beschreibt zum Beispiel ihren »Garten« oder »Weg«), während die andere zuhört und dabei die ganze Zeit Liebe in ihrem Herzen spürt und von ihrem Herzen Liebe zum Herzen der Sprecherin oder des Sprechers schickt. Wenn die sprechende Person fertig ist, wiederholt die zuhörende – mit ihren eigenen Worten – alles, was mitgeteilt wurde. Die Person, die gesprochen hat, bestätigt das Gesagte oder ergänzt es, wo notwendig. Wenn das abgeschlossen ist, wechseln Sie die Rollen und wiederholen den Ablauf. Versuchen Sie, die ganze Zeit über bei dem Gefühl von Liebe im Herzen zu bleiben.

Sich verströmen

Setzen Sie sich bequem hin und schließen Sie Ihre Augen. Leiten Sie Ihr Kind durch den folgenden Prozeß oder nehmen Sie den Text vorher auf und folgen Sie dem Ablauf gemeinsam!

Jetzt nimm ein paar tiefe Atemzüge, bis du dich ganz entspannt und wohl fühlst ... Nimm einen tiefen Atemzug und spüre die Energie des Universums *(hier können Sie auch sagen »die Kraft Gottes« oder »universelle Liebe« oder was Ihnen am angenehmsten ist)* durch die Krone deines Kopfes. Spüre, wie sie hinunterfließt in dein Herz und dein Herz mit Liebe erfüllt ... Jetzt gib diese Liebe durch dein Herz nach außen in die Welt. Atme wieder ein, atme universelle Liebe und Energie durch die Krone deines Kopfes ein und durch dein Herz aus. Und wieder ... atme universelle Liebe, Energie und Weisheit ... ein durch die Krone deines Kopfes und aus durch dein Herz ... Spüre, wie dein Körper sich mit universeller Liebe füllt ... spüre, wie sich der ganze Raum um dich herum mit universeller Liebe füllt ... fühle, wie sich das ganze Gebäude mit universeller Liebe, Energie und Weisheit füllt ... Atme ein und aus und spüre, wie der Raum um unser Haus sich mit universeller Liebe füllt ... jetzt füllt sich die Stadt ... das Land ... der ganze Kontinent mit universeller Liebe, Energie und Weisheit. Atme durch die Krone deines Kopfes ein und durch dein Herz aus und spüre, wie sich die ganze Welt mit universeller Liebe füllt ... spüre, wie die Liebe sich über den ganzen Globus ausbreitet. Spüre jetzt, wie sie das ganze Universum erfüllt ... Nimm die Liebe, Energie und Weisheit überall wahr ... Bring jetzt deine Aufmerksamkeit zurück zu deinem Atem ... Fühle, wie der langsame, entspannte Rhythmus deines Atems mit dem Atem sämtlicher Anwesenden im Raum zusammenfließt ... Werde dir des Raumes um dich herum bewußt ... Und wenn du bereit bist, kannst du deine Augen öffnen.

Es ist immer schön, die Sitzung mit einer richtig langen Umarmung zu beenden!

Teil II

Vorbereitung

Wie Sie am besten mit diesem Buch arbeiten

Es ist eine gute Idee, regelmäßig eine feste »ruhige Zeit«, eine Zeit für das kreative Visualisieren und Zentrieren, einzuplanen, und zwar am besten wöchentlich oder täglich, möglichst immer zur selben Stunde. Muß Ihre ruhige Zeit aus irgendeinem Grund ausfallen, sollten Sie versuchen, sofort einen neuen Termin zu finden, wie Sie es für jede andere wichtige Familienaktivität auch tun würden.

Wie ich bereits geschrieben habe, sollten Sie sich die Zeit nehmen, dieses Buch erst einmal alleine durchzugehen, bevor Sie anfangen, damit zu arbeiten. Auf diese Weise machen Sie sich mit den dargestellten Übungen und Abläufen vertraut, bevor Sie sie mit Ihrem Kind zusammen ausprobieren. Es ist wichtig, daß Sie mit Ihrem Kind oder Ihren Kindern die ganze Sitzung zusammen sind, damit diese nicht das Gefühl haben, daß ihnen etwas vorgetragen oder »vorgelesen« wird. Haben Sie keine Angst, Ihre Kinder wissen zu lassen, daß auch Sie lernen und wachsen und daß Ihre gemeinsame ruhige Zeit dazu da ist, daß Sie sie beide genießen und etwas davon haben. Nutzen Sie diese Stunden, um sowohl sich selbst als auch den anderen besser verstehen zu lernen.

Sie können dieses Buch für sämtliche Altersgruppen anwenden, vom Dreijährigen bis zum Jugendlichen. Vielleicht möchten Sie mit Ihrer ganzen Familie danach arbeiten oder für die jüngeren Mitglieder eine Extra-Sitzung machen. Wenn Sie länger mit dem Buch arbeiten, werden Sie entdecken, daß Sie die dargestellten Prozesse auch auf die unterschiedlichen Altersgruppen zuschneiden können. Nehmen Sie sich die Freiheit, mit den verschiedenen Abläufen zu experimentieren, wenn Sie mit ihnen vertrauter geworden sind. Schließlich möchten Sie vielleicht auch Ihre eigenen Vorgehensweisen entwickeln – die die individuellen Bedürfnisse Ihrer Kinder und Ihre eigenen persönlichen Erfordernisse stärker berücksichtigen.

Sie werden feststellen, daß Sie das kreative Visualisieren allmählich in vielen Bereichen Ihres Lebens und des Lebens Ihrer Kinder anwenden, und zwar zu den verschiedensten Tageszeiten und nicht nur während Ihrer ruhigen Zeit. Nach und nach wird es zum natürlichen Bestandteil Ihres Alltags werden.

Wie die meisten anderen Dinge auch, erfordert das kreative Visualisieren, daß wir es regelmäßig praktizieren und »dranbleiben«. Deswegen ist es wichtig, daß Ihre ruhige Zeit regelmäßig eingeplant wird und in Ihrem Leben eine Priorität bekommt, ganz gleich, wie beschäftigt Sie sind. Meistens brauchen wir gerade dann am dringendsten etwas ruhige Zeit, wenn unser Alltag uns am meisten fordert.

Hindernisse loslassen

Bevor Sie irgend etwas anderes machen, ist es wichtig, zu Beginn jeder ruhigen oder besonderen Zeit mit Ihrem Kind Hindernisse aus dem Weg zu räumen, die den Prozeß und Ihre gemeinsame Zeit blockieren oder stören könnten.

Diese Hindernisse können verschiedene Formen annehmen.

1. *Raum:* Sorgen Sie dafür, daß Ihr Raum warm und gemütlich ist und Sie genug Platz auf dem Boden haben, um sich zu bewegen. Achten Sie darauf, daß Sie und Ihr Kind Ihre Arme schwingen können, ohne Angst haben zu müssen, etwas zu zerbrechen.

2. *Kleidung:* Ziehen Sie Ihre Schuhe aus und legen Sie alles ab, was Sie behindern könnte – wie zum Beispiel Gürtel oder enge Jeans.

3. *Lärm:* Schalten Sie Ihren Anrufbeantworter ein oder stellen Sie Ihr Telefon ab. Wenn Sie befürchten, von Besuchern unterbrochen zu werden, hängen Sie einen Zettel an die Haustür, daß Sie nicht gestört werden möchten.

4. *Mangelnde Konzentration:* Wenn Sie oder Ihr Kind sehr müde sind, sollten Sie Ihr kreatives Visualisieren und Ihre ruhige Zeit auf später oder auf einen anderen Tag verschieben. Wenn Ihr Kind sich aber nicht müde fühlt, sondern ihm »einfach nicht danach ist«, sagen Sie ihm freundlich aber bestimmt, daß dies Ihre besondere gemeinsame Zeit ist, und erinnern Sie es daran, wie es sich dabei immer fühlt. Das wirkt meistens. Wenn Ihr Kind trotzdem darauf besteht, nicht mitzumachen, sagen Sie ihm ruhig, es könne die Zeit auch in seinem Zimmer verbringen und möge Sie auf keinen Fall stören, während Sie die Tür schließen und die ruhige Zeit für sich (oder mit Ihren anderen Kindern

zusammen) verbringen. Sie dürfen diese Zeit auf keinen Fall streichen. Sie werden sehen, daß Ihr Kind schon bald wieder mitmachen möchte.

5. *Körperliche Blockaden:* Bei diesen Hindernissen handelt es sich meist um körperliche Verspannungen in Schultern, Nacken, Armen und Gesäß, die durch Streß verursacht sind. Im folgenden finden Sie einige Entspannungsübungen, die Sie zusammen machen können. Diese Übungen wirken Streßreaktionen entgegen und fördern den Energiefluß. Solange Sie sich die Anweisungen noch nicht eingeprägt haben, nehmen Sie sie am besten auf Band auf und spielen sie ab. Dann werden Sie nicht ständig dadurch abgelenkt, daß Sie in diesem Buch nachschauen müssen.

Anspannen und loslassen

Sie stehen sich gegenüber, wenn Sie mehr als zwei sind im Kreis. Jeder hebt sein rechtes Bein ein wenig vom Boden und spannt sämtliche Muskeln im Bein an, bis dieses leicht zu vibrieren beginnt. Während Sie bis drei zählen, entspannen Sie das Bein wieder, bis es schlaff ist. Wiederholen Sie den Ablauf mit dem linken Bein. Jetzt spannen Sie Bauch, Gesäß und Beckenbereich so fest wie möglich an. Kindern macht das noch mehr Spaß, wenn sie dabei übertreiben! Zählen Sie bis drei und entspannen Sie sich dabei, lassen Sie den Bauch richtig »raushängen«. Wiederholen Sie den Ablauf mit Rücken und Brustkorb. Jetzt strecken Sie den rechten Arm nach vorn und spannen sämtliche Muskeln im Arm an, bis er zu vibrieren beginnt. Ballen Sie die Hände zur Faust und beugen Sie den Ellenbogen, lassen Sie die Oberarmmuskeln spielen und imitieren Sie einen Muskelhelden. Zählen Sie bis drei, entspannen Sie den Arm und lassen Sie ihn schlaff an Ihrer Seite hängen. Wiederholen Sie den Prozeß mit dem linken Arm. Ziehen Sie jetzt die Schultern hoch und spannen Sie den Nacken so fest wie möglich an. Übertreiben Sie wieder. Entspannen Sie sich, und achten Sie darauf, wie anders Schultern und Nacken sich anfühlen, wenn sie nicht angespannt sind. Beißen Sie jetzt die Zähne zusammen und spannen Sie die Kiefer und dann die Gesichtsmuskeln an. Kneifen Sie die Augen fest zusammen, ziehen Sie die Stirn kräftig hoch und spannen Sie die gesamte Kopfhaut an. Genießen Sie die witzigen Grimassen, die Sie alle ziehen! Zählen Sie bis drei, entspannen Sie und achten Sie darauf, daß die Kiefer und die winzigen Muskeln im Bereich der Augen sich ebenfalls entspannen. Jetzt beugen Sie sich nach vorn und »hängen« locker, während Ihre Arme nach unten baumeln. Bleiben Sie etwa eine Minute so und lassen Sie die verbleibende überschüssige Spannung durch Arme und Finger in den Boden fließen.

Schütteln

Legen Sie eine Kassette mit Schlagzeug oder Trommelmusik auf (siehe die Musikempfehlungen am Ende dieses Buches). Stimmen Sie sich auf den Rhythmus ein, stampfen Sie auf den Boden, einen Fuß nach dem anderen, halten Sie Ihre Knie leicht gebeugt und entspannt. Fahren Sie fort zu stampfen und stellen Sie sich dabei vor, daß Sie barfuß im Sand oder auf der Erde tanzen und bei jedem Stampfer einen tiefen Fußabdruck hinterlassen. Beginnen Sie, gleichzeitig Ihre Arme und Hände zu schütteln, als würden Sie Wasser abschütteln. Lassen Sie jetzt Ihren Nacken völlig locker und schütteln Sie behutsam Ihren Kopf. Dabei werden Spannungen allmählich losgelassen, und schon bald werden Sie sich wie wild schütteln! Erlauben Sie sich dabei ruhig, ein paar Urschreie von sich zu geben.

Ein Baum sein

Sie stehen auf dem Boden, die Füße hüftbreit auseinander, die Arme hängen locker neben dem Körper. Stellen Sie sich vor, daß die Sohlen Ihrer Füße Wurzeln haben, die durch den Boden in die Erde wachsen. Stellen Sie sich vor, daß Ihr Körper ein langer, biegsamer Baum ist, Ihre Knöchel sind das Gelenk, aus dem Sie sich bewegen oder wiegen. Jetzt beugen Sie sich so weit wie möglich vor, als würden Sie von einer sanften Brise bewegt. Versuchen Sie, die Fersen am Boden zu lassen. Vielleicht möchten Sie Ihre Knie leicht entspannen. Kehren Sie in die Ausgangsposition zurück und beugen Sie sich nacheinander zu beiden Seiten, jedes Mal so weit, wie Sie können, ohne Ihre Füße vom Boden zu lösen (oder Ihre Wurzeln zu zerstören!). Und schließlich beugen Sie sich so weit wie möglich zurück. Achten Sie darauf, wo Sie in der Bewegung Anspannung spüren – wieviel Spannung brauchen Sie, um zu stehen oder sich zu bewegen? Versuchen Sie herauszufinden, an welchem Punkt der Baum am stabilsten ist – wo Sie vollkommen im Gleichgewicht sind, ohne Schultern, Nacken, Waden oder Füße unnötig anzuspannen. Sobald Sie diese Position herausgefunden haben, schließen Sie Ihre Augen, stehen einen Augenblick ganz still und genießen Ihre ganz persönliche Haltung mit einem Minimum an Anspannung.

Sie und Ihre Kinder können sich gegenseitig an diese Übung erinnern, wenn Sie sich dabei beobachten, daß Sie sich verspannen. »Ein Baum sein« ist eine Möglichkeit, sich im Laufe des Tages immer wieder kurz auf Verspannungen hin zu überprüfen, und wahrscheinlich sind Sie überrascht, wie genau Ihr Kind erkennt, daß Sie verspannt sind!

Tanken Sie neue Energie!

Reiben Sie sich kräftig die Hände. Schütteln Sie sie heftig und drücken Sie dann jeden Finger und ziehen Sie ihn weg von sich. Schütteln Sie Ihre Hände wieder, bis sie warm sind und Ihre Finger kribbeln. Machen Sie eine Faust und lassen Sie das Handgelenk locker, so als wollten Sie an eine Tür klopfen. Jetzt trommeln Sie mit den Knöcheln leicht auf den Oberkopf und die Stirn. Kleinen Kindern kann es Spaß machen, wenn man ihnen sagt, daß sie dabei ihre Gehirnzellen »aufwecken« sollen.

Umschließen Sie den linken Ellenbogen mit der rechten Hand und klopfen Sie den oberen Bereich der rechten Schulter mit der zur Faust geballten linken Hand ab. Klopfen Sie vom Hals bis zur Schulter und wieder zurück. Wechseln Sie die Hände und wiederholen Sie den Ablauf mit der anderen Schulter. Jetzt strecken Sie beide Arme nach oben zur Sonne und atmen tief ein. Mit leichten und lockeren Fäusten trommeln Sie sich auf den Brustkorb, während Sie die ganze Luft in Ihren Lungen mit einem langen, lauten »Tarzan«-Schrei herauslassen!

Weisen Sie Ihr Kind an, sich vorzubeugen – wenn Sie mehr als zwei sind, teilen Sie sich in Paare auf und jeweils einer beugt sich vor – und die Hände leicht auf seine Knie zu legen, so daß es mit dem Rücken eine Tischfläche bildet. Stellen Sie sich hinter Ihr Kind und klopfen Sie ihm mit lockeren Fäusten zu beiden Seiten der Wirbelsäule leicht den Rücken vom Nacken bis ganz nach unten und wieder nach oben. Es ist wichtig, daß die Wirbelsäule selbst auf keinen Fall geklopft wird. Wechseln Sie den Platz und wiederholen Sie diesen Ablauf. (Wenn Sie für Ihr Kind zu groß sind, beugen Sie Ihre Knie oder gehen nach unten auf alle viere!) Und schließlich noch eine nicht-körperliche Entspannungsübung für die Tage, an denen ein »geistiger Hausputz« erforderlich ist!

Fort in Schnelle! Fort in Schnelle!

Stellen Sie einen großen Papierkorb in die Mitte des Raumes. Geben Sie allen ein Blatt Papier und einen Stift. Jetzt nimmt sich jeder – ohne etwas zu sagen – fünf Minuten Zeit, um so viele ärgerliche und negative Gedanken oder andere angestaute Gefühle aufzuschreiben, wie ihm nur einfallen. Das Geschriebene bleibt streng vertraulich! Wenn alle fertig sind, zerreißen Sie Ihre Blätter in möglichst kleine Stücke, wobei jeder seine behält. Jetzt halten alle ihre Hände mit den Papierschnitzeln über den Papierkorb. Alle zusammen sagen: »*Fort in Schnelle! Fort in Schnelle! – Liebe tritt an ihre Stelle!*« Bei dem Wort »Stelle« wirft jeder seine Papierschnitzel in den Korb. Dann sollte der Papierkorb weggestellt werden, während jeder sich einen Augenblick Zeit nimmt, um sich auf liebevolle Gedanken zu konzentrieren.

Kreative Bewegungen

Nachdem Sie Hindernisse und Streß losgelassen haben, ist es wichtig – vor allem für Kinder –, die Energie zu kanalisieren und die Aufmerksamkeit zu fokussieren. Bestimmte Körperübungen und kreative Bewegungen bereiten Ihren Körper optimal auf die Meditation und das kreative Visualisieren vor.

Besonders hilfreich für die Vorbereitung auf das kreative Visualisieren sind die bildlichen Körperbewegungen oder kinetischen Übungen. Das sind, kurz gesagt, Bewegungen, die vom physischen Körper und vom bildlichen Körper (dem nicht-physischen Körper) getrennt und gleichzeitig durchgeführt werden. Das wird im nächsten Kapitel noch detailliert erklärt und erforscht.

Andere geeignete Bewegungen und Körperübungen sind Yoga, Stretching, isometrische Körperübungen und verschiedene Formen des Tanzens.

Yoga

Im folgenden werden einige einfache, grundlegende Yoga-Übungen beschrieben, die für Kinder und Familien ideal sind.

Die Kobra: Sie liegen auf dem Bauch, die Handflächen in Schulterhöhe nach unten und die Ellenbogen auf dem Boden. Nehmen Sie einen tiefen Atemzug und heben Sie Ihren Brustkorb, bis Ihre Ellenbogen gerade sind. Kleineren Kindern kann es Spaß machen, an diesem Punkt die Zunge herauszustrecken wie eine Schlange! Versuchen Sie, die Schultern unten zu lassen und den Beckenbereich fest am Boden zu halten. Während Sie Ihre Ellenbogen beugen und Ihren Brustkorb wieder zum Boden herunterlassen, geben Sie ein langes Zischen von sich wie eine Schlange. Dann entspannen Sie einen Moment und lassen die Schlange ausruhen. Wiederholen Sie die Übung.

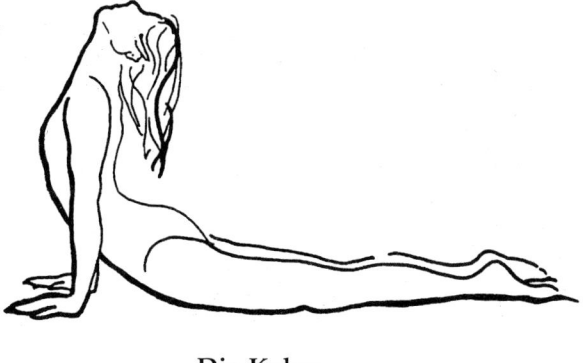

Die Kobra

Die Katze: Knien Sie auf allen vieren auf dem Boden, die Ellenbogen sind gerade. Machen Sie mit dem Rücken einen Katzenbuckel, so weit, wie Sie Ihren Kopf und Ihre Schultern runden können. Wenn Sie möchten, fauchen Sie wie eine Katze. Jetzt lassen Sie den Rücken los, so daß er sich so weit wie möglich durchbiegt, wobei Sie Kopf und Brustkorb nach oben heben. Schnurren Sie wie eine Katze! Wiederholen Sie die Übung.

Die Katze

Der Hund: Sie liegen auf dem Bauch, die Handflächen zeigen in Taillenhöhe nach unten. Ihre Beine sollten etwas mehr als hüftbreit auseinander sein, die Zehen sind aufgestellt und drücken gegen den Boden, die Fersen zeigen nach oben! Atmen Sie ein und drücken Sie sich mit Händen und Füßen nach oben, bis Ihr Körper ein umgekehrtes V bildet. Drücken Sie Ihre Fersen in den Boden, lassen Sie den Kopf hängen, so daß er mit dem Rücken eine Linie bildet, und atmen Sie aus. Knurren Sie wie ein Hund! Kehren Sie auf den Boden zurück und ruhen Sie sich aus. Wiederholen Sie die Übung.

Der Hund

Das Häschen: Knien Sie sich auf den Boden und setzen Sie sich zurück auf Ihre Fersen. Nehmen Sie einen tiefen Atemzug, heben Sie den Brustkorb und dehnen Sie die Wirbelsäule nach oben und vorne. Fahren Sie mit der Vorwärtsbewegung fort und atmen Sie aus, während Sie sich vorbeugen. Fahren Sie fort, sich zu dehnen, bis Ihr Brustkorb auf den Oberschenkeln ruht. Legen Sie eine Faust auf die andere vor sich auf den Boden und lassen Sie Ihre Stirn darauf ruhen. Lassen Sie das Häschen schlafen! Atmen Sie ein, heben Sie den Kopf und kehren Sie langsam in die Sitzhaltung zurück, während Sie ausatmen. Wiederholen Sie die Übung.

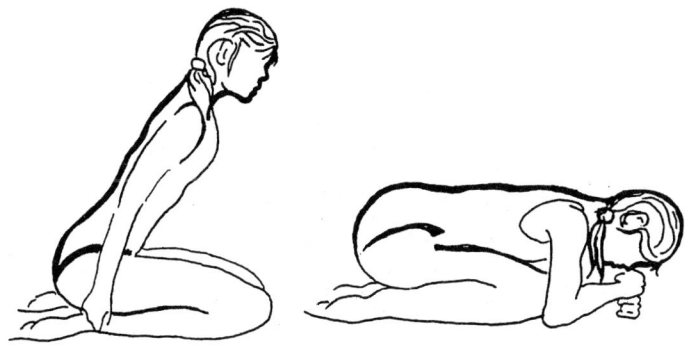

Das Häschen

Der Baum: Stellen Sie sich gerade hin, die Füße zusammen. Fixieren Sie einen Punkt an der Wand vor sich. Achten Sie darauf, daß es ein unbeweglicher Punkt ist, und konzentrieren Sie sich auf ihn. Das wird Ihnen helfen, das Gleichgewicht zu halten! Jetzt heben Sie Ihren linken Fuß und legen ihn direkt über Ihr rechtes Knie, das linke Knie zeigt dabei nach außen zur Seite. Heben Sie Ihre Arme langsam über Ihren Kopf und bringen Sie die Handflächen zusammen. Atmen Sie langsam ein und aus. Strecken Sie Ihre Arme etwas weiter nach oben und drücken Sie Ihre Schultern nach unten. Atmen Sie langsam ein und aus. Spüren Sie die Ruhe, die damit einhergeht, ein fester und kräftiger Eichenbaum zu sein. Atmen Sie ein und lassen Sie beim Ausatmen langsam Ihre Arme und das Bein herunter. Wiederholen Sie die Übung mit dem anderen Bein.

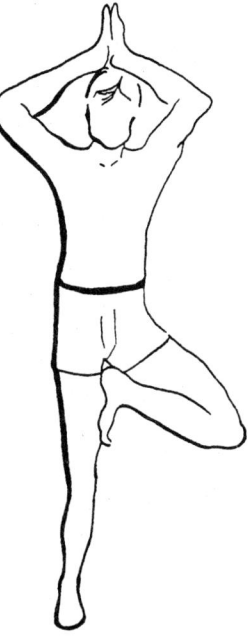

Der Baum

Die Leiche: Legen Sie sich flach auf den Rücken, die Beine etwas mehr als hüftbreit auseinander, Fußknöchel und Füße sind entspannt. Drehen Sie die Arme von den Schultern nach außen, die Hände weg von den Seiten, die Handflächen zeigen nach oben. Schließen Sie Ihre Augen und entspannen Sie sich vollkommen. Stellen Sie sich vor, eine Leiche zu sein. Versuchen Sie wirklich zu fühlen, wie es ist, eine Leiche zu sein, völlig regungslos!

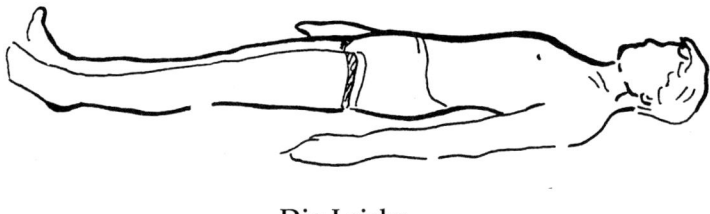

Die Leiche

Stretching

Im folgenden beschreibe ich einige einfache Stretching-Übungen, die für sämtliche Altersgruppen geeignet sind. Machen Sie sie in der angegebenen Reihenfolge.

Übung 1: Setzen Sie sich mit gekreuzten Beinen auf den Boden, so, wie in der Abbildung gezeigt. Beim Ausatmen bewegen Sie sich langsam nach vorn, beide Arme vor sich ausgestreckt, bis Ihre Hände den Boden berühren. Atmen Sie mehrmals tief ein und aus. Mit jedem Ausatmen kommen Sie etwas weiter nach vorne. Stellen Sie sich vor, daß nur wenige Zentimeter vor Ihnen etwas besonders Verführerisches liegt (zum Beispiel ein großer Schokoladenkuchen!). Greifen Sie danach! Jetzt atmen Sie ein und kommen mit dem Ausatmen nach oben. Wiederholen Sie die Übung.

Übung 2: Sitzen Sie mit gerader Wirbelsäule, die Beine sind gekreuzt, und die Arme ruhen auf Ihren Knien, wie in der Abbildung gezeigt. Ihre Ellenbogen bleiben gestreckt. Lassen Sie die Handgelenke langsam kreisen (so, daß Ihre Hände einen vollen Kreis beschreiben), dreimal nach außen und dreimal nach innen. Stellen Sie sich vor, daß Sie etwas Klebriges rühren, beispielsweise Kleister oder Sirup. Dann schütteln Sie Ihre Hände kräftig aus (um das Klebezeug abzuschütteln) und entspannen.

Übung 3: Strecken Sie Ihre Beine vor sich aus, wie in der nächsten Abbildung gezeigt. Halten Sie Ihre Wirbelsäule gerade und lassen Sie Ihre Arme entspannt herunterhängen. Stellen Sie sich vor, daß an jeden großen Zeh ein Stück Regenbogenkreide gebunden ist und Sie mit den Füßen vor einer Tafel sitzen. Jetzt beugen Sie Ihre Füße so weit wie möglich, am besten so weit, daß Ihre Fersen nicht mehr den Boden berühren. »Sehen« Sie die schöne Linie, die Sie mit der Kreide gezogen haben! Drehen Sie jetzt Ihre Beine aus den Hüften nach außen (die Füße bleiben weiter gebeugt), so daß Ihre Zehen nach außen zeigen und mit der Kreide einen großen Bogen beschreiben. Achten Sie darauf, daß Ihre Knie gestreckt bleiben! Jetzt spitzen Sie Ihre Zehen und Füße und strecken Ihre Beine so weit aus, wie Sie können. Ihre kleinen Zehen sollten gerade eben den

Boden berühren. Bringen Sie Ihre Beine wieder parallel nebeneinander und wiederholen Sie die Übung. Atmen Sie die ganze Zeit gleichmäßig weiter.

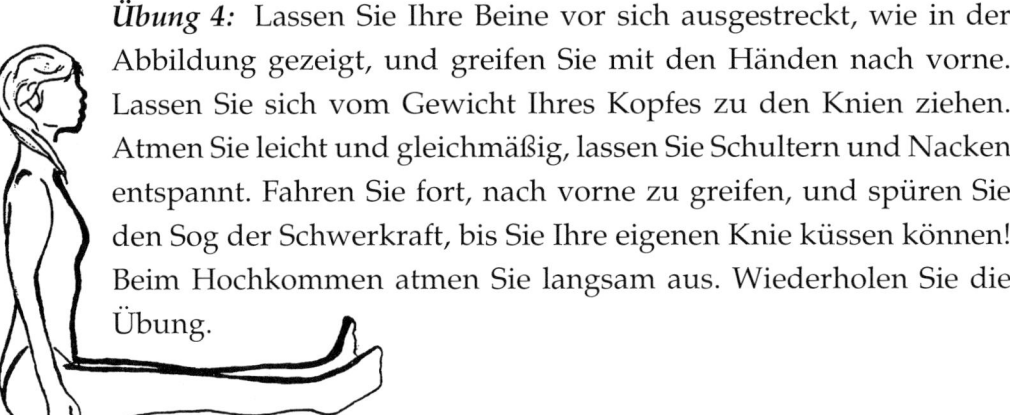

Übung 4: Lassen Sie Ihre Beine vor sich ausgestreckt, wie in der Abbildung gezeigt, und greifen Sie mit den Händen nach vorne. Lassen Sie sich vom Gewicht Ihres Kopfes zu den Knien ziehen. Atmen Sie leicht und gleichmäßig, lassen Sie Schultern und Nacken entspannt. Fahren Sie fort, nach vorne zu greifen, und spüren Sie den Sog der Schwerkraft, bis Sie Ihre eigenen Knie küssen können! Beim Hochkommen atmen Sie langsam aus. Wiederholen Sie die Übung.

Isometrische Körperübungen

Bei isometrischen Bewegungen oder Übungen geht es grundsätzlich darum, daß die Muskeln sich gegeneinander oder gegen einen festen Gegenstand bewegen, um das Körperbewußtsein und die Muskelspannung zu fördern. Im folgenden einige grundlegende isometrische Übungen.

Türeingang: Stellen Sie sich in einen Türeingang und heben Sie Ihre Arme, so daß beide Handrücken den Türrahmen berühren. Jetzt drücken Sie mit beiden Händen wirklich fest gegen den Türrahmen. Drücken Sie, so fest Sie können, während Sie bis zehn zählen. Entspannen Sie. (Wenn Sie aus dem Türeingang heraustreten und Ihre Arme locker neben sich hängen lassen, werden Sie feststellen, daß sie sich langsam nach oben und vom Körper weg bewegen!)

Arme und Beine: Setzen Sie sich auf den Boden, die Knie gebeugt, die Fußsohlen zusammen, die Hände ruhen auf den Fußknöcheln. Halten Sie

Ihren Rücken gerade und den Nacken lang! Jetzt atmen Sie ein und beugen mit dem Ausatmen Ihre Ellenbogen, so daß sie auf Ihren Knien ruhen, während Sie sich leicht nach vorne beugen. Sich an den Knöcheln festhaltend, drücken Sie mit Ihren Ellenbogen nach unten gegen Ihre Knie. Gleichzeitig drücken Sie mit Ihren Knien nach oben. Fahren Sie fort, Ellenbogen und Knie gegeneinander  zu drücken, während Sie bis zehn zählen. Dann entspannen Sie ebenso lange. Wiederholen Sie die Übung. Achten Sie darauf, wer stärker ist, Ihre Arme oder Ihre Beine!

Zusammendrücken: Legen Sie sich auf den Rücken und schieben Sie sich ein Buch oder ein kleines Kissen unter den Kopf. Beugen Sie Ihre Knie und stellen Sie Ihre Fußsohlen auf den Boden, hüftweit auseinander. Ihre Arme ruhen neben Ihrem Körper. Stecken Sie sich ein großes festes Kissen zwischen Ihre Knie, wie in der Abbildung gezeigt. (Es muß groß genug sein, um zu verhindern, daß sich Ihre Beine berühren.) Atmen Sie tief ein, und beim Ausatmen drücken Sie das Kissen mit Ihren Knien so fest wie möglich zusammen. Versuchen Sie, Ihren Atem zu verlangsamen, so daß Sie bis zehn zählen können, während Sie drücken. Dann entspannen Sie. Wiederholen Sie die Übung.

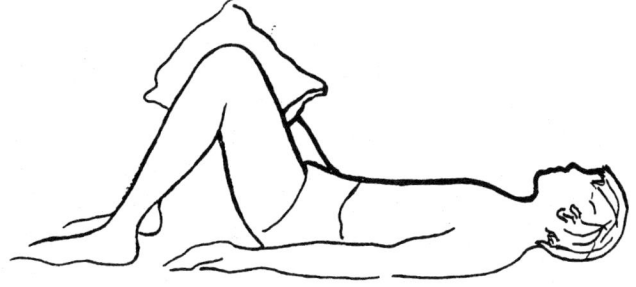

Krokodil: Legen Sie Ihre Handflächen vor sich zusammen, als wollten Sie beten. Achten Sie darauf, daß Ihre Ellenbogen gerade zur Seite zeigen und Ihre Schultern unten sind. Atmen Sie ein, und mit dem Ausatmen pressen Sie Ihre Handflächen so fest wie möglich zusammen. Versuchen Sie so lange fest zu pressen, wie Sie bis zehn zählen. Dann entspannen Sie und lassen dabei die Handballen zusammen, während Sie Handflächen und Finger voneinander lösen – wie das Maul eines Krokodils! (Siehe Abbildung.) Wiederholen Sie die Übung.

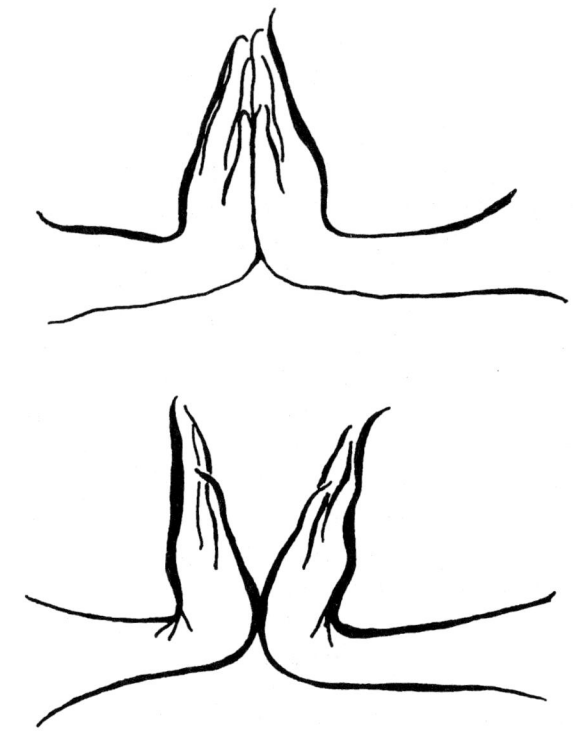

Tanzen

Es gibt viele verschiedene Formen von Tanz, mit denen Sie Ihre Energie kanalisieren und fokussieren können. Wenn Sie und Ihr Kind mit einem bestimmten Tanzstil besonders gut vertraut sind und Freude daran haben, empfiehlt es sich, damit zu beginnen, zumindest in den ersten Sitzungen. Im folgenden werden einige Formen und Anwendungsmöglichkeiten von Tanz vorgestellt, die leicht durchzuführen sind und sämtlichen Altersgruppen Spaß machen.

Volkstanz: Wenn Sie ein Grundwissen von Ihren eigenen einheimischen Volkstänzen haben, ist dies eine gute Gelegenheit, Ihrem Kind einen

Geschmack davon zu geben. Wichtig ist, daß Sie die richtige Musik haben, so daß die Atmosphäre stimmt und Sie ein richtiges Gespür für den Tanz entwickeln. Machen Sie die einfachsten Schritte, aber geben Sie Ihrem Kind keine »Instruktionen«. Das Kind sollte Ihnen einfach folgen und keine Angst haben, Fehler zu machen. Leiten oder korrigieren Sie es nur, wenn es ausdrücklich darauf besteht. Entspannen Sie sich und genießen Sie das Tanzen!

Tanzimprovisation: Hier tanzen Sie nach einer Musik Ihrer Wahl. Sie können klassische Musik, Jazz, Musical, New-Age-Musik oder Schlager nehmen – achten Sie aber darauf, daß Sie und Ihr Kind die Musik beide mögen. Hilfreich ist oft, sich die Musik einmal anzuhören, bevor Sie zu tanzen beginnen. Achten Sie beim Tanzen darauf, daß Sie sich nicht aufeinander konzentrieren oder in irgendeiner Form beurteilen. Damit behindern Sie sich. Lassen Sie sich in Ihren Bewegungen von der Musik leiten, als ob die Musik durch Sie spielt. Vielen Kindern macht es Spaß, so zu tun, als ob Sie für Zuschauer tanzen, die taub sind – und ihnen mit ihren Bewegungen zu zeigen, wie die Musik klingt! Musikempfehlungen finden Sie am Ende dieses Buches.

Ausdruckstanz: Mit dieser Kombination von stummer Darstellung und Tanz können Sie etwas Bestimmtes ausdrücken – einen Charakter (zum Beispiel einen Clown oder einen Jongleur) oder etwas in der Natur (wie eine wachsende Blume oder einen Vogel). Auch hier ist Musik eine große Hilfe, da sie die richtige Atmosphäre für den gewählten Ausdruck schaffen kann (siehe die Liste mit Musikempfehlungen). Nachdem Sie jeder für sich Ihren Charakter entwickelt haben, können Sie auch zusammen spielen (zum Beispiel kann der Vogel um die Blume herumfliegen oder der Clown versuchen, dem Jongleur zu helfen). Nehmen Sie sich Zeit und benutzen Sie Ihre Phantasie. Viel Spaß!

Kinetische Übungen

Das Wort Kinetik stammt von dem griechischen Wort Kino ab, was soviel heißt wie Bewegung und Dynamik; im Hawaiischen bedeutet es Körper. Im Zusammenhang mit Visualisierung verweist es auf Bewegungen des Körperbildes, die vom physischen und vom bildlichen (oder feinstofflichen) Körper getrennt und gleichzeitig durchgeführt werden.

Viele Menschen akzeptieren heute, daß wir einen zweiten, einen feinstofflichen (nicht-physischen) Körper haben, ein ätherisches Abbild unseres eigenen Körpers. Manche Fachleute auf medizinischem Gebiet bezeichnen ihn als »Körper der Muskelimagination«, Yogalehrerinnen und -lehrer hingegen sprechen meist vom »Pranaleib«. Wie Sie ihn auch nennen mögen, umfangreiche Forschungen haben gezeigt, daß sich das Bewegungspotential und die Körperfunktionen verbessern, wenn die bewußte Wahrnehmung entwickelt ist und der »bildliche Körper« eingesetzt wird. Und beides trägt in großem Maße zu einem natürlichen Heilungsprozeß bei.

Da ich beim Unterrichten von Tanz und Bewegung selbst jahrelang mit dem bildlichen Körper gearbeitet habe, konnte ich erstaunliche Resultate beobachten, sowohl auf körperlichem Gebiet als auch in Hinsicht auf das Bewußtsein. Deswegen ist die Arbeit mit dem bildlichen Körper oder mit kinetischen Übungen bei mir allmählich zu einem eigenständigen Prozeß und Thema geworden. Ich habe festgestellt, daß vor allem Kinder und Jugendliche sehr viel Spaß an dieser Arbeit haben. Ein zusätzlicher Vorteil ist, daß innerhalb relativ kurzer Zeit noch weitere positive Auswirkungen beobachtet werden können – zum Beispiel eine feinere Selbstwahrnehmung, mehr Selbstvertrauen und oft eine sehr viel bessere körperliche Gesundheit!

Im folgenden beschreibe ich einige grundlegende Übungen, die Ihnen zeigen, wie der physische Körper und der bildliche Körper für kreative Bewegungen eingesetzt werden können. Diese Übungen tragen dazu bei, das Bewußtsein, den Energiefluß und die Beweglichkeit zu steigern, verhelfen zu einer besseren Konzentration des Körpers und der Aufmerksamkeit, zu einer Ausrichtung der Vorstellungskraft als Vorbereitung auf die Visualisierung und werden sowohl Ihnen als auch Ihren Kindern sehr viel Spaß machen!

Kopf: Setzen Sie sich gerade hin, den Kopf nach vorn, die Augen schauen geradeaus. Jetzt drehen Sie Ihren Kopf langsam so weit Sie können nach rechts und richten Ihre Aufmerksamkeit auf einen Punkt im Raum, der soweit weg wie möglich und ganz rechts von Ihnen liegt. Bringen Sie Ihren Kopf wieder nach vorn. Wiederholen Sie die Bewegung nach links. Jetzt schließen Sie Ihre Augen und drehen Sie Ihren Kopf nur in Ihrer Vorstellung – ohne die Bewegung körperlich auszuführen; stellen Sie sich einfach vor, daß Sie Ihren Kopf langsam, locker und ungehindert erst nach rechts und dann nach links drehen, nach jeder Seite so weit wie möglich.
Stellen Sie sich jetzt vor, daß Sie Ihren Kopf wieder nach vorne bringen. Öffnen Sie Ihre Augen und drehen Sie Ihren Kopf noch einmal körperlich, zuerst möglichst weit nach rechts. Konzentrieren Sie sich auf den Punkt, der am weitesten von Ihnen entfernt zur Rechten liegt. Wiederholen Sie die Bewegung nach links. Was ist geschehen? Ihr Kopf hat sich mit ziemlicher Sicherheit nach beiden Seiten deutlich weiter gedreht als zuvor!

Rumpf: Stellen Sie sich hin, Ihre Beine etwas mehr als hüftbreit auseinander, die Füße fest auf dem Boden. Stellen Sie sich vor, daß Ihre Wirbelsäule ein Pfosten ist, um den sich Ihr Rumpf herumbewegt. Halten Sie Ihre Beine vollkommen still und lassen Sie Ihre Schultern und Ihren

Rumpf so weit wie möglich nach rechts kreisen (siehe Abbildung). Dann kehren Sie zur Ausgangsposition zurück. Wiederholen Sie die Bewegung nach links. Jetzt schließen Sie Ihre Augen und stehen vollkommen still. Stellen Sie sich vor, daß Ihre Schultern und Ihr Rumpf sich ungehindert und leicht nach rechts drehen, mit Leichtigkeit und Anmut in die Ausgangsposition zurückkehren und sich dann wieder frei zur Linken drehen. Stellen Sie sich vor, wie Ihr Körper mit Leichtigkeit und Eleganz zur Ausgangsposition zurückkehrt – dies ist Ihr bildlicher Körper. Öffnen Sie jetzt die Augen und drehen Sie sich mit Ihrem physischen Rumpf nach rechts. Dann nach links. Stehen Sie jetzt still und »sehen« Sie, wie Ihr bildlicher Körper sich nach rechts dreht. Dann dreht sich der physische Körper nach rechts. Jetzt stellen Sie sich vor, wie sich Ihr bildlicher Körper nach links dreht und gleich darauf Ihr physischer Körper. Spüren Sie, wieviel leichter die körperliche Drehung ist, nachdem Ihr bildlicher Körper sie vorgemacht hat?

Arme: Sie stehen mit den Beinen hüftbreit auseinander, die Füße fest auf dem Boden. Heben Sie Ihren physischen rechten Arm nach vorne und oben über Ihren Kopf (siehe Abbildung). Spüren Sie, wie sich diese Bewegung auf die Muskeln im ganzen Körper und den Stoff der Kleidung auswirkt, die Sie tragen. Spüren Sie die Dehnung in Schulter, Arm und Hand. Mit derselben Wachheit lassen Sie jetzt den Arm sinken.

Jetzt gehen Sie genauso mit dem rechten Arm Ihres bildlichen Körpers vor – heben Sie Ihren Arm nicht körperlich, sondern visualisieren Sie lediglich, wie er sich nach vorn und oben über Ihren Kopf hebt, und spüren Sie, wie sich das auf den restlichen Körper auswirkt. Jetzt lassen Sie den Arm Ihres bildlichen Körpers wieder sinken. Wiederholen Sie den gleichen Ablauf mit dem linken Arm. Dann mit beiden Armen zusammen.

Beine: Sie stehen mit geschlossenen Füßen, die Arme hängen neben dem Körper. Treten Sie mit Ihrem linken Fuß langsam einen Schritt nach vorne und achten Sie darauf, wie sich das auf die Muskeln im restlichen Körper auswirkt. Spüren Sie die Muskeln in Ihrem linken Bein und Fuß. Mit derselben Wachheit treten Sie mit Ihrem linken Fuß zurück in die Ausgangsposition. Wiederholen Sie jetzt diese Übung in der Vorstellung mit Ihrem linken Fuß – nicht körperlich! Spüren Sie, wie diese Bewegung sich auf Ihren ganzen Körper auswirkt. Wiederholen Sie den gleichen Ablauf mit Ihrem rechten Bein. Jetzt beugen Sie beide Beine leicht und machen einen kleinen Sprung nach vorne. Halten Sie inne und achten Sie darauf, wie Ihr Körper reagiert hat. Jetzt springen Sie mit der gleichen Wachheit wieder zurück. Machen Sie dann diesen Sprung in Ihrer Vorstellung – Sie sehen vor sich, wie Sie locker und leicht springen. Wie fühlt sich Ihr bildlicher Körper an? Wiederholen Sie den ganzen Ablauf.

Alles zusammen: Sie stehen mit geschlossen Füßen, die Arme an den Seiten. Treten Sie mit dem linken Fuß vor, während Sie beide Arme nach vorne strecken und Ihren Kopf nach links drehen (über Ihre linke Schulter schauen). Halten Sie inne und nehmen Sie die Veränderungen in Ihren Muskeln wahr. Kehren Sie in die Ausgangsposition zurück. Jetzt wiederholen Sie das Ganze mit Ihrem rechten Fuß und schauen über Ihre rechte Schulter. Achten Sie dabei immer wieder auf Ihre Muskeln. Jetzt machen

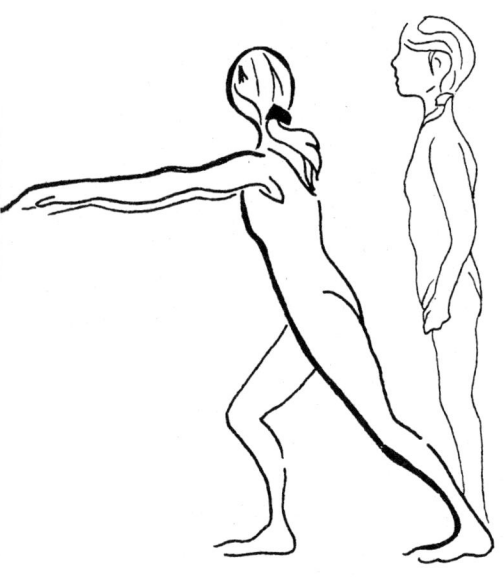

Sie das gleiche wieder nur in Ihrer Vorstellung, zuerst mit der linken, dann mit der rechten Seite. Bleiben Sie die ganze Zeit aufmerksam und sehen Sie vor sich, wie Sie sich mit großer Leichtigkeit und Anmut bewegen. Jetzt wiederholen Sie die Bewegungen mit Ihrem physischen Körper. Dann noch einmal in Ihrer Vorstellung.

Die Schwerkraft besiegen: Sie stehen mit geschlossenen Füßen, die Knie leicht gebeugt, die Arme an den Seiten. Springen Sie körperlich in die Luft, ziehen Sie dabei die Arme an den Brustkorb und die Füße hoch (versuchen Sie, sich mit den Füßen selbst ins Gesäß zu treten!). Wenn Sie gelandet sind, halten Sie inne und konzentrieren sich darauf, wie Ihr Körper sich anfühlt. Jetzt springen Sie in Ihrer Vorstellung so hoch, wie Sie können, und ziehen dabei die Füße hoch und die Arme an den Brustkorb. Sehen Sie sich wirklich mühelos hochspringen. Wiederholen Sie den Sprung noch mal und noch mal und fühlen Sie sich wie ein Ball, der mühelos federt! Jetzt springen Sie physisch noch einmal auf die gleiche Weise. Achten Sie darauf, ob Sie körperlich jetzt höher springen als vorher.

Partner: Sie stehen sich gegenüber (in Paaren, wenn Sie mehr als zwei sind), die Füße zusammen und die Arme an den Seiten. Spiegeln Sie sich gegenseitig, wenn Sie jetzt (körperlich) Ihre Arme seitwärts heben und über den Kopf bringen. Lassen Sie sie langsam wieder sinken und achten Sie dabei die ganze Zeit auf Ihren Partner, während Sie sich gegenseitig spiegeln. Wiederholen Sie die Bewegung. Jetzt wenden Sie sich voneinander ab und »sehen« sich Ihrem bildlichen Körper gegenüber. Heben Sie wieder beide Arme zur Seite und nach oben über Ihren Kopf, während Sie »sehen«, wie Ihr bildlicher Körper das gleiche tut. Jetzt lassen Sie die Arme langsam sinken und spiegeln dabei Ihren eigenen bildlichen Körper. Wiederholen Sie den Ablauf.

Dem Anführer folgen: Sie stehen mit geschlossenen Füßen, die Arme neben sich. Spüren Sie einen Augenblick Ihren Körper in Ihrer Vorstellung. Jetzt lassen Sie das Bild von Ihrem Körper da stehen, wo er ist, und machen drei Schritte nach vorne. Lassen Sie Ihren Körper in der Vorstellung folgen, so daß er ebenfalls drei Schritte macht und sich mit Ihnen zusammentut. Und wieder lassen Sie Ihren Körper in der Vorstellung, wo er ist, und treten drei Schritte zurück. Lassen Sie das Bild von Ihrem Körper folgen und ebenfalls drei Schritte rückwärts gehen. Wiederholen Sie den gleichen Ablauf zur Seite, erst nach links und dann nach rechts. Kehren Sie jetzt den Ablauf um und machen Sie drei Schritte nach vorn zuerst in der Vorstellung und folgen Sie dann mit Ihrem physischen Körper. Fühlt sich das anders an? Fahren Sie fort, bis Sie Ihr bildlicher Körper in alle vier Himmelsrichtungen geführt hat.

Die Sterne berühren: Kauern Sie sich auf den Boden und spüren Sie einen Augenblick Ihren Körper in Ihrer Vorstellung. Lassen Sie Ihren bildlichen Körper am Boden gekauert, stehen Sie auf und greifen Sie nach den Sternen – kommen Sie ganz nach oben auf die Zehenspitzen. Kauern Sie sich wieder hin. Nun stellen Sie sich vor, wie Ihr Körper aufsteht und nach den Sternen greift, auf Zehenspitzen stehend. Sehen Sie, wie er mit Leichtigkeit nach den Sternen greift. Dann kauern Sie sich wieder anmutig hin. Stellen Sie sich noch einmal vor, wie Ihr Körper wieder nach oben greift, sowie er aber diesmal die Sterne erreicht, folgen Sie ihm körperlich.

Treten Sie in Ihren bildlichen Körper. Sie werden sehen, Sie reichen näher an die Sterne heran als je zuvor. Berühren Sie die Sterne!

Ski fahren: Stellen Sie sich hin, die Beine leicht auseinander, die Arme hängen locker an den Seiten. Schließen Sie Ihre Augen, nehmen Sie einen tiefen Atemzug und spüren Sie, wie Sie sich entspannen. Spüren Sie einen Augenblick Ihren Körper in Ihrer Vorstellung. Entwerfen Sie jetzt vor Ihrem inneren Auge das Bild eines schneebedeckten Berges. Sehen Sie die weiße Dreiecksform des Berges vor einem strahlend blauen Himmel. Bringen Sie sich selbst (mit Ihrem vorgestellten Körper) in das Bild – befördern Sie sich zum Berg. Spüren Sie die schneidend kalte Luft auf Ihren Wangen und nehmen Sie einen weiteren tiefen Atemzug, trinken Sie den frischen Geruch der reinen, klaren Luft. Stellen Sie sich jetzt vor, daß Sie auf Skiern stehen (wenn Sie nicht Ski fahren können, stellen Sie sich vor, daß Sie es können). Sehen Sie jetzt, wie Ihr Körper auf Skiern mühelos den Berg hinunterfährt. Dann beugen Sie physisch beide Knie, lehnen sich leicht vor und folgen Ihrem bildlichen Körper den Berg hinunter. Schaukeln Sie in den Knien leicht vor und zurück und lassen Sie Ihre Arme locker hängen. Sehen Sie, wie sich Ihr Körper vor Ihnen anmutig bewegt – vielleicht schwingt er die Arme im gleichen Rhythmus wie die Beine. Machen Sie körperlich alles nach, was Ihr Körper in der Vorstellung tut. Während Ihre Bewegungen immer anmutiger und müheloser werden wie die Ihres bildlichen Körpers, werden Sie allmählich schneller. Stellen Sie sich vor, wie der Wind über Ihr Gesicht streift, während Sie immer schneller den Abhang hinunterfahren. Fahren Sie fort, auf- und abzuschaukeln, und schwingen Sie Ihre Arme, während Ihre Skier Sie weitertragen ... bis Sie ganz mühelos und natürlich mit Ihrem bildlichen Körper verschmelzen und eins mit ihm werden. Genießen Sie das Gefühl von Freiheit, so den Berg hinunterzusausen, bis Sie ziemlich außer Atem sind. Jetzt kommen Sie allmählich zum Stillstand. Hat das nicht Spaß gemacht?

Tanzen: Setzen Sie sich bequem hin, schließen Sie Ihre Augen und lauschen Sie einer Musik, die Sie vorher ausgesucht haben. Lassen Sie zu, daß die Musik über Sie hinweg, durch Sie und um Sie herum fließt. Stellen Sie sich vor, daß die Musik in Sie hineinfließt, und wenn sie wieder aus Ihrem Körper fließt, nimmt Sie Ihren bildlichen Körper mit. Sehen Sie, wie Ihr bildlicher Körper in vollkommener Harmonie mit der Musik tanzt. Sehen Sie die Bewegungen Ihres bildlichen Körpers als vollkommenen Ausdruck der Musik. Sehen Sie, wie Ihr Körper und die Musik mit Leichtigkeit, Anmut und totaler Freude zusammenfließen. Jetzt spielen Sie die Musik noch einmal und wiederholen körperlich sämtliche Bewegungen, die Sie bereits in Ihrer Vorstellung gemacht haben, werden eins mit der Musik (bei älteren Kindern kann es helfen, das Licht zu dämpfen oder sich die ersten Male beim Tanzen von ihnen abzuwenden, falls sie befangen sind). Beachten Sie, wie anders Sie nach diesem Prozeß auf die Musik eingehen!

Wenn es Ihnen schwerfällt, den Abläufen in diesem Kapitel nach dem Buch zu folgen, sollten Sie sie auf Kassette aufnehmen und als Anleitung abspielen, bis Sie mit ihnen vertraut sind. Beim Aufnehmen der Texte sollten Sie darauf achten, langsam zu sprechen und Raum für die Ausführung der Bewegungen zu lassen.

Atmen

Um Ihr Kind in einen stillen, entspannten und meditativen Zustand bringen zu können, müssen Sie beide konzentriert, ruhig und zentriert sein. Am besten ist es, wenn Sie mit gekreuzten Beinen auf einem Kissen auf dem Boden sitzen, da Sie diese Position ziemlich leicht halten können und Ihre Energie fokussiert bleibt. In einem wirklich meditativen Zustand operieren unsere Gehirnwellen langsamer, was das effektive kreative Visualisieren fördert (oft wird dies als Alpha-Zustand bezeichnet, wohingegen Beta den absoluten Wachzustand und Theta den Schlafzustand bezeichnet).

Deswegen ist es wesentlich, daß wir so entspannt wie möglich sind. Tiefes und konzentriertes Atmen ist der nächste Schritt auf diesem Weg, nachdem wir durch die körperlichen Übungen und die kreative Bewegung, die Sie gerade abgeschlossen haben, Spannungen und Energieblockaden im Körper losgelassen haben.

Als Einführung in ein konzentriertes Atmen kann es hilfreich sein, Ihr Kind einmal auf die Atmung eines Neugeborenen aufmerksam zu machen. Wenn es bei Ihnen im Haus oder im weiteren Familienkreis ein Baby gibt, können Sie Ihrem Kind erlauben, eine Hand auf das Bäuchlein des Babys zu legen. Beobachten Sie, wie das Baby ganz natürlich und entspannt aus dem Bauch heraus atmet. Sagen Sie Ihrem Kind, daß das für uns alle die natürliche, angeborene Atmung ist!

Sie sollten deshalb mit Ihrem Kind nicht nur eine der folgenden Atemübungen machen, sondern möglichst ständig auf seine Atmung achten. Die Atmung wird weitestgehend von unseren Stimmungen beeinflußt; bei Angst, Nervosität und Schmerz atmen wir alle schneller. Trotzdem können wir umgekehrt unsere Stimmungen auch durch unsere Atmung beeinflussen, indem wir uns eine flache oder zu heftige Atmung bewußt machen und ihr entgegenwirken. So können Sie bei Bedarf Ihrem Kind helfen, zentrierter und ruhiger zu werden, indem Sie seinen Atemrhythmus behutsam anleiten – Sie können ihm gut zureden oder es in den Arm nehmen und selbst tief und langsam atmen. Sie werden feststellen, daß sich der Atemrhythmus Ihres Kindes dadurch allmählich an Ihren Rhythmus angleicht und sich schließlich beruhigt.

Tiefes Atmen

Setzen Sie sich mit gekreuzten Beinen hin und legen Sie beide Hände leicht auf den Magen. Wenn es Ihrem Kind anfangs schwerfällt, in dieser Position mit seinem Bauch in Kontakt zu kommen, können Sie sich zuerst auch auf den Rücken legen. Schieben Sie sich eine etwa fünf Zentimeter dicke Stütze (zum Beispiel ein Buch) unter Ihren Kopf. Beugen Sie Ihre Knie, bis Sie zur Decke zeigen, und stellen Sie Ihre Füße hüftbreit auseinander auf den Boden.

Atmen Sie ein und lassen Sie dabei zu, daß sich Ihr Brustkorb und Ihr Magen weiten. Ihr Mund ist entspannt und offen, so daß die Luft direkt nach unten in die Lungen fließen kann. Spüren Sie, wie sich Ihr gesamter Unterleib dehnt und mit Luft füllt. Dann lassen Sie die Luft heraus, wobei Sie im Beckenbereich beginnen, bis Sie sich völlig leer fühlen. Wiederholen Sie diesen Ablauf neun- bis zehnmal.

Atmen, um sich zu zentrieren

Sie sitzen mit gekreuzten Beinen oder auf der Kante eines Stuhles und versuchen, sich entspannt gerade zu halten. Zählen Sie bis drei und nehmen Sie dabei einen tiefen Atemzug durch die Nase, wobei Sie den Mund geschlossen lassen. Versuchen Sie – wie beim tiefen Atmen –, in Kontakt mit dem Bauch zu bleiben. Jetzt halten Sie den Atem an, während Sie bis drei zählen. Dann lassen Sie ihn, bis drei zählend, heraus, bis Sie völlig leer sind, und halten dieses leere Gefühl ebenso lange. Wiederholen Sie den gesamten Ablauf noch dreimal und achten Sie dabei darauf, daß der Mund geschlossen bleibt.

Atmen, um sich zu zentrieren – eine andere Form

Sie sitzen in der gleichen Position wie eben und drücken mit Daumen und Zeigefinger behutsam Ihre Nasenlöcher zu. Ihren Daumen lösend, atmen Sie langsam durch das entsprechende Nasenloch ein, während Sie bis drei zählen. Legen Sie den Daumen zurück (das Nasenloch wieder zuhaltend) und halten Sie den Atem an, während Sie bis drei zählen. Jetzt heben Sie den Zeigefinger und atmen langsam aus, während Sie bis drei zählen. Dann atmen Sie durch dasselbe Nasenloch sofort wieder ein, während Sie wieder bis drei zählen. Legen Sie den Zeigefinger zurück (das Nasenloch wieder zudrückend) und halten Sie den Atem, während Sie bis drei zählen. Lösen Sie den Daumen und atmen Sie aus, während Sie bis drei zählen. Wiederholen Sie den Ablauf mehrmals und machen Sie langsam!

Wenn Sie eine der Atemübungen oder beide abgeschlossen haben, konzentrieren Sie sich einen Augenblick auf Ihre eigene natürliche Atmung – und weisen natürlich auch Ihr Kind an, das zu tun. Ermutigen Sie Ihr

Kind (und sich selbst), tief, leicht und natürlich zu atmen. Achten Sie auf den Rhythmus Ihrer Atmung – wird er langsamer, während Sie sich immer mehr entspannen?

Wenn wir uns auf unsere Atmung konzentrieren, ruhen wir mehr in uns selbst. Anschließend beginnen wir damit, uns in einen noch entspannteren und meditativeren Zustand zu bringen.

Bevor wir damit anfangen, ist es jedoch ratsam, sich die folgende kleine Liste von praktischen Hinweisen durchzulesen. Das wird Ihnen helfen, unnötige Störungen beim kreativen Visualisieren auszuschalten.

1. *Mögliche Ablenkungen:* Achten Sie darauf, daß der Raum, in dem Sie sich befinden, möglichst nicht zu einer belebten Straße hin liegt – wenn doch, sollten Sie die Rolläden oder Vorhänge schließen, um nicht abgelenkt zu werden. Haben Sie daran gedacht, das Telefon abzustellen oder den Anrufbeantworter einzuschalten?

2. *Luft:* Wie ist die Luft und die Belüftung in Ihrem Raum? Wenn Sie dort täglich mit Computern oder anderen Maschinen arbeiten, sollten Sie überlegen, ob Sie sich einen Ionisator anschaffen (falls Sie nicht schon einen haben), um die Ionen zu neutralisieren. Sie können das Zimmer auch ausräuchern – eine schöne Idee, und die meisten Kinder lieben das. Zuviel des Guten kann jedoch für die Atemübungen störend sein, da dadurch oft die Kehle trocken wird. Achten Sie auch darauf, daß vor Ihrer Sitzung im Zimmer nicht geraucht wird!

3. *Beleuchtung:* Ist die Beleuchtung angenehm, wenn Sie Ihre Augen schließen – kein gleißendes Sonnenlicht oder 100 Watt-Birnen?

4. *Musik:* Wenn Sie für die kreative Bewegung aufheizende oder schnelle Musik benutzt haben, sollten Sie sie bei Beginn des Atemprozesses durch langsame Musik ersetzen, um wieder »herunterzuschalten«. Auch das Geräusch von Wellen, die ans Ufer schwappen, kann helfen,

einen natürlichen Rhythmus für die Atmung vorzugeben (siehe die Musikempfehlungen am Ende des Buches).

5. *Sitzen:* Wenn es Ihnen unangenehm ist, auf dem Boden zu sitzen, können Sie versuchen, ein großes Kissen zu benutzen. Sollte Ihnen das auch nicht behagen, setzen Sie sich am besten auf einen geraden Stuhl. Wo Sie auch sitzen, wichtig ist, daß Sie beide (oder alle) die Wirbelsäule gerade halten. Das soll den Energiefluß und Ihre Konzentrationsfähigkeit fördern.

Und schließlich sollten Sie auf die energetische Verfassung Ihres Kindes achten. In diesem Stadium möchten sich Kinder, wenn sie müde sind, oft hinlegen. Das ist nicht ratsam, weil sie dann während des Prozesses einschlafen könnten. Wenn Ihr Kind aber immer noch nicht entspannt und zentriert ist, können Sie zusammen folgende Übung machen.

Legen Sie sich auf den Rücken und schieben Sie sich eine etwa fünf Zentimeter dicke Stütze (ein Buch oder ein kleines Kissen) unter Ihren Kopf. Stellen Sie Ihre Beine auf, so daß die Knie zur Decke schauen; die Füße stehen hüftbreit auseinander flach auf dem Boden. Ihre Hände ruhen auf den Hüftknochen, die Ellenbogen liegen auf dem Boden. Jetzt entspannen Sie sich einfach ein paar Minuten in diese Position hinein und atmen dabei tief und gleichmäßig. Visualisieren Sie, daß Ihr Rücken ganz in den Boden sinkt, und spüren Sie, wie alle Spannungen aus Ihrem Körper in die Erde fließen. Nutzen Sie diesen Moment und achten Sie darauf, daß Sie selbst sich in einem Zustand tiefen, zentrierten Gleichgewichts befinden. Nach meiner Erfahrung als Lehrerin und Mutter wirkt sich mein Zustand – ganz gleich, ob ich glaube, er wird sichtbar oder nicht – tiefgreifend auf das Kind oder die Kinder und den Ablauf aus, der mit dem kreativen Visualisieren einhergeht. Entscheidend für eine Sitzung ist nach meiner Feststellung, daß ich selbst zentriert bin und mich in einem Zustand völliger Ruhe befinde.

Zentrierung und Meditation

Jetzt sind Sie und Ihr Kind bereit, mit dem Zentrieren zu beginnen und sich in einen meditativen Zustand zu begeben. Dafür und auch für das kreative Visualisieren (Teil III) kann es hilfreich sein, die Anweisungen auf Tonband aufzunehmen und sie abzuspielen, bis Sie – wie bei früheren Übungen auch – vertrauter mit dem Inhalt dieser Seiten geworden sind oder Ihre eigenen Visualisierungen entwickelt haben.

Im folgenden stelle ich Ihnen nun einige grundlegende Übungen vor, mit denen Sie das Zentrieren und den Übergang in einen meditativen Zustand lernen können. Meiner Erfahrung nach sind sie für Kinder aller Altersgruppen bestens geeignet. Sämtliche Übungen bauen auf natürliche Weise auf die Atemübungen auf, um den entspannten und fokussierten Geisteszustand zu schaffen, in dem das kreative Visualisieren am effektivsten ist. Wie in den vorigen Kapiteln auch, können Sie aus mehreren verschiedenen Übungen wählen. Vielleicht liegen einige Ihrer Familie mehr als andere. Trotzdem kann es von Vorteil sein, die Übungen von Zeit zu Zeit zu wechseln.

Sorgen Sie dafür, daß Sie die Übung, die Sie wählen, vorbereitet haben. Sprechen Sie mit einer ruhigen, sanften aber hörbaren Stimme – etwas langsamer, als Sie normalerweise sprechen. Machen Sie regelmäßig Pausen, damit alles, was Sie sagen, aufgenommen werden kann. Achten Sie immer wieder darauf, daß Ihre Stimme nicht monoton klingt.

🎵 Übung 1

Atme tief und gleichmäßig und konzentriere dich auf einen Punkt vor und etwas oberhalb von dir. Während du dich auf diesen Punkt ausrichtest, spürst du, wie deine Augenlider schwerer und schwerer werden, bis sie sich schließen. Leiste keinen Widerstand – laß einfach zu, daß sie sich schließen. Jetzt komme mit deiner Aufmerksamkeit zum Herzen. Vielleicht möchtest du deine Hand auf das Herz legen. Spüre den Rhythmus deines Herzschlags. Wird er langsamer oder ist er gleichmäßig? Bleibe mit deiner ganzen Aufmerksamkeit beim Herzen. Wenn dir andere Gedanken in den Kopf kommen, lasse sie einfach wie Blütenblätter auf dem Fluß vorbeitreiben und komme mit deiner Aufmerksamkeit zum Herzen zurück. Mit deiner Aufmerksamkeit dort verweilend, denke jetzt an etwas oder jemanden, das oder den du liebst – vielleicht ein Lieblingstier, eine Umarmung oder den Ort, wo du dich am liebsten aufhältst. Fühle, was dabei mit deinem Herzen geschieht. Fühlt sich der Herzbereich jetzt anders an? Halte dieses angenehme Gefühl eine kleine Weile im Herzen fest, bleibe wirklich dabei. Genieße es ... *(Seien Sie ein paar Minuten oder so lange, wie Ihr Kind seine Aufmerksamkeit halten kann, still. Dies ist der richtige Punkt, um die kreative Visualisierung Ihrer Wahl [siehe Teil III] einzuleiten. Wenn das kreative Visualisieren abgeschlossen ist, machen Sie einen Augenblick Pause. Haben Sie Musik benutzt, die im Hintergrund spielt – siehe die Liste mit Musikempfehlungen –, stellen Sie sie jetzt langsam leiser, bis sie fast nicht mehr zu hören ist. Wenn Sie jetzt wieder zu sprechen beginnen, werden Sie etwas schneller. Gegen Ende der Übung kehren Sie zu Ihrer normalen Lautstärke und Ihrem normalen Tonfall zurück.)* ... Jetzt komm mit deiner Aufmerksamkeit wieder zu deinem Herzen ... Hat dein Herzschlag sich überhaupt verändert? Spüre die Liebe in deinem Herzen und schicke sie im ganzen Körper herum. Spüre das angenehme liebevolle Gefühl überall. Bring deine Aufmerksamkeit jetzt zu deinem Atem. Ist er langsamer geworden? Jetzt komm mit deiner Aufmerksamkeit allmählich zurück in diesen Raum, und wenn du bereit bist, kannst du deine Augen öffnen.

 Übung 2

Atme tief und natürlich und konzentriere dich auf einen Punkt vor und etwas oberhalb von dir. Richte dich weiter auf diesen Punkt aus, bis deine Augenlider anfangen, schwer zu werden ... Spüre, wie sie schwerer und schwerer werden, bis sie sich schließen. Lausche jetzt deiner eigenen Atmung und konzentriere dich auf den Rhythmus. Sei ganz still, während du deinen Atem spürst. Stell dir vor, du bist eine Welle im Meer ... *(Hier kann es gut sein, als Unterstützung im Hintergrund leise eine Kassette mit sanftem Wellenrauschen zu spielen)* ... spüre, wie du an den Strand spülst ... und dich wieder zurückziehst ins Meer ... *(Versuchen Sie, dem Rhythmus der Wellen zu folgen. Der Atemrhythmus Ihres Kindes wird ebenfalls folgen!)* ... an den Strand und wieder zurück ins Meer ... vor und zurück ... vor und zurück ... spüre, daß du die Welle *bist*, daß du das Meer *bist* ... *(Seien Sie ein paar Minuten oder so lange, wie Ihr Kind die Aufmerksamkeit halten kann, still. An diesem Punkt können Sie die kreative Visualisierung Ihrer Wahl einführen. Wenn Sie das kreative Visualisieren abgeschlossen haben, machen Sie einen Augenblick Pause, bevor Sie fortfahren)* ... Schau, ob du in dir eine friedvolle Stimmung fühlen kannst ... eine tiefe, tiefe Friedlichkeit ... die tiefer und stiller ist, als die, die du im Schlaf empfindest ... sei ganz still und *spüre* den Frieden ... spüre die Stille ... genieße die Ruhe und den Frieden einen Augenblick lang ... *(Seien Sie etwa eine Minute still und drehen Sie die Musik oder die Hintergrundgeräusche, die Sie bis jetzt spielen lassen haben, herunter, bis sie nicht mehr zu hören sind. Sprechen Sie, wenn Sie diese Übung jetzt fortsetzen, etwas schneller und kehren Sie gegen Ende der Übung zur normalen Geschwindigkeit und zum normalen Tonfall Ihrer Stimme zurück.)*

... Komm jetzt mit deiner Aufmerksamkeit langsam zurück zu deinem Atem ... Ist er überhaupt langsamer geworden? ... Was ist mit deinem Herzschlag? ... Spüre einen Augenblick deinen Herzschlag ... Kehre jetzt allmählich mit deiner Aufmerksamkeit zurück in diesen Raum, und wenn du bereit bist, kannst du deine Augen öffnen.

Übung 3

Atme leicht und natürlich und konzentriere dich auf einen Punkt vor und etwas oberhalb von dir. Richte dich auf diesen Punkt aus, bis deine Augenlider anfangen, schwer zu werden. Laß jetzt zu, daß sie sich schließen, und spüre, wie gut und entspannt sich deine Augen anfühlen. Bring jetzt deine Aufmerksamkeit zu deinem Herzen – wenn du möchtest, kannst du eine Hand auf dein Herz legen – und spüre den Rhythmus deines Herzschlags. Spüre, wie schön warm sich der Bereich um dein Herz anfühlt. Jetzt denke an etwas, wofür du Liebe empfindest ... ein Kätzchen oder ein Kaninchen ... oder eine Wiese mit wunderschönen Blumen ... eine lange Umarmung von dem Menschen, den du am liebsten hast ... spüre, wie dein Herz dabei noch wärmer wird. Spüre jetzt, wie dein Herz langsam immer größer wird, während es sich mit mehr und mehr Liebe füllt für alle Tiere und alle Menschen auf der ganzen Welt. Spüre, wieviel Liebe du für alle hast ... und natürlich für dich selbst! Genieße dieses Gefühl wirklich für einen Augenblick ... Spüre jetzt, wie du kleiner und kleiner und kleiner wirst, bis du so klein bist, daß du in dein eigenes Herz hineinpaßt! Spüre, wie schön es sich anfühlt, in deinem Herzen zu sein ... wie schön es ist, von all der Liebe umgeben zu sein ... *(Machen Sie einen Augenblick oder so lange, wie Ihr Kind seine Aufmerksamkeit halten kann, Pause. Dann fangen Sie mit dem kreativen Visualisierungsprozeß an, den Sie ausgesucht haben. Wenn Sie damit fertig sind, bleiben Sie einen Augenblick still. Drehen Sie die Musik, die Sie spielen lassen haben, leiser, bis* *sie kaum noch zu hören ist. Wenn Sie wieder zu sprechen anfangen, werden Sie etwas schneller)* ... Begib dich jetzt wieder in dein Herz, umgeben von all der Liebe ... Spüre, wie du allmählich größer und größer und größer wirst, bis du wieder deine normale Größe hast. Lausche jetzt deinem Herzschlag. Ist er anders? Du kannst deine Aufmerksamkeit jetzt wieder in diesen Raum bringen, und wann immer du dich bereit fühlst, kannst du deine Augen öffnen.

 Übung 4

Atme tief und gleichmäßig. Konzentriere dich auf einen Punkt vor und etwas oberhalb von dir. Während du dich auf diesen Punkt ausrichtest, beginnen deine Augenlider sich schwer anzufühlen. Laß sie schwerer und schwerer werden, bis sie sich schließen, schwer und entspannt. Bleibe mit deiner Aufmerksamkeit eine Weile beim Atem ... komm jetzt mit deiner Aufmerksamkeit zu deinem Herzen ... lausche deinem Herzschlag, versuche, deinen Herzschlag von innen zu hören ... Stelle dir jetzt über deinem Kopf einen schönen Springbrunnen vor. Dieser schöne Springbrunnen gehört dir ganz allein und kann so aussehen, wie du ihn haben möchtest. Er kann jede Farbe haben, die du dir wünschst ... er kann sogar Punkte oder Streifen haben, wenn du es möchtest! Dieser Springbrunnen ist gefüllt mit schönem weißen Licht, einem weißen Licht, das den Brunnen füllt, bis es überfließt und genauso aus dem Brunnen sprudelt, wie es soll. Sieh, wie das schöne weiße Licht aus dem Brunnen über deinen Kopf sprudelt, oben auf deinen Kopf. Spüre, wie es über die Krone deines Kopfes plätschert und über dein Gesicht, deinen Hinterkopf und Nacken fließt. Spüre, wie es plätschert und strömt, während es über deine Schultern, deinen Brustkorb und Rücken und über deinen Bauch in deinen Schoß läuft. Spüre, wie es deinen Rücken und über beide Arme und Beine hinunterfließt. Spüre, wie es sich über dich ergießt, bis es über deine

69

Hände und Füße und aus deinen Fingern und Zehen in die Erde läuft. Fühle, wie du ganz in diesem schönen Licht badest und es dich füllt, bis du ein Teil von ihm bist, Teil des wunderschönen weißen Lichtes. Genieße einfach einen Augenblick lang, wie sich das anfühlt ... *(Bleiben Sie ein paar Minuten oder so lange still, bis die Aufmersamkeit Ihres Kindes wegzuwandern beginnt. Beginnen Sie dann mit der kreativen Visualisierung Ihrer Wahl. Wenn Sie damit fertig sind, drehen Sie allmählich die Musik oder die Hintergrundgeräusche, die Sie gespielt haben, leiser. Machen Sie einen Augenblick Pause, und wenn Sie wieder zu sprechen anfangen, werden Sie etwas schneller)* ... Bring jetzt deine Aufmerksamkeit zurück zu deinem Herzschlag ... kannst du ihn von innen spüren? ... Wechsle mit deiner Aufmerksamkeit zur Atmung über ... zu dem Bereich um dich herum ... zu dem Raum, in dem wir uns befinden. Wenn du bereit bist, kannst du deine Augen öffnen.

Übung 5

Stellen Sie eine Kerze in die Mitte des Kreises und bitten Sie Ihr Kind oder Ihre Kinder, sie anzuschauen und ihre ganze Aufmerksamkeit auf die Flamme zu richten. Ermutigen Sie sie, weiter in die Flamme zu starren, bis sie das Gefühl haben, die Augen schließen zu wollen. Lassen Sie sie die Augen schließen. Beginnen Sie mit dem Prozeß, wenn alle ihre Augen geschlossen haben ...

Sieh den Widerschein der Kerzenflamme in deinem Kopf. Konzentriere dich einen Moment auf das Gelb der Flamme ... *(Pause)* ... konzentriere dich jetzt auf das Blau der Flamme ... *(Pause)* ... und jetzt richte deine Aufmerksamkeit auf das Weiß der Flamme ... *(Pause)* ... Spüre jetzt die Wärme der Flamme. Spüre, wie du wärmer und wärmer, heller und strahlender wirst. Spüre, wie du Teil der Flamme wirst ... eins mit dem warmen, strahlenden Licht der Flamme. Spüre, wie warm, ruhig und zentriert du bist ... jetzt *sei* einfach dort für eine Weile ... *(Seien Sie ein paar*

Minuten oder so lange, wie Ihr Kind die Aufmerksamkeit halten kann, still. Dann führen Sie den kreativen Visualisierungsprozeß ein, den Sie ausgesucht haben. Wenn Sie damit fertig sind, machen Sie einen Augenblick Pause. Wenn Sie Musik im Hintergrund spielen lassen, drehen Sie sie jetzt leiser, bis sie nicht mehr zu hören ist. Wenn Sie wieder zu sprechen beginnen, lassen Sie Ihre Stimme etwas schneller werden) ... Jetzt bring deine Aufmerksamkeit langsam zurück zu dem Gefühl der Wärme und zu dem Punkt in dir, wo du die Flamme gesehen hast. Konzentriere dich auf deine eigene Atmung. Bring jetzt deine Aufmerksamkeit zurück in den Raum um dich herum, nimm einen tiefen Atemzug, und wenn du bereit bist, kannst du deine Augen öffnen.

 ## Übung 6

Atme tief und gleichmäßig und schließe behutsam deine Augen. Spüre, wie sämtliche Muskeln in deinem Gesicht sich entspannen. Bring deine Aufmerksamkeit zu dem Punkt zwischen deinen Augenbrauen, im Inneren deines Kopfes. Atme weiter tief und gleichmäßig, tief und gleichmäßig. Stelle dir vor, daß hinter diesem Punkt, hinter deinen Augen, eine schmale Tür ist. Hinter dieser Tür führen Treppenstufen hinunter zu deinem Herzen. Wir werden diese Treppe jetzt langsam und stetig hinuntergehen. Bei jedem Schritt, den du machst, wirst du entspannter, immer entspannter, je tiefer und tiefer du in dich hineingehst. Es sind zehn Stufen bis zu deinem Herzen, und mit jeder Stufe wirst du entspannter und entspannter. Los geht's ... eins ... zwei ... tiefer ... drei ... vier ... entspannter ... fünf ... sechs ... noch tiefer ... sieben ... noch entspannter ... acht ... noch tiefer ... neun ... *zehn* ... Jetzt befindest du dich in deinem Herzen, in einem tiefen, entspannten und wunderbaren Zustand. Spüre all die Liebe in deinem Herzen ... bleib jetzt einfach da und genieße diesen Zustand eine Weile ... *(Seien Sie einige Minuten oder so lange, wie Ihr Kind seine Aufmerksamkeit halten kann, still. Beginnen Sie dann mit der kreativen Visualisierung, die Sie*

ausgesucht haben. Wenn Sie damit fertig sind, drehen Sie die Musik – falls Sie welche spielen lassen – leiser. Wenn Sie wieder anfangen zu sprechen, lassen Sie Ihre Stimme etwas schneller werden, und wenn Sie sich dem Ende der Übung nähern, kehren Sie zu Ihrer normalen Sprechgeschwindigkeit und Ihrem normalen Tonfall zurück) ... Komm jetzt mit deiner Aufmerksamkeit zurück zu deinem Herzen. Ich zähle jetzt gleich von zehn rückwärts, und wenn ich bei eins ankomme, wirst du hellwach sein, du wirst dich großartig fühlen und deine Augen öffnen. Zehn ... neun ... acht ... dehne und strecke dich etwas ... sieben ... du wachst auf ... sechs ... fünf ... deine Augen fühlen sich erholt und erfrischt an ... vier ... drei ... du fühlst dich großartig ... zwei ... *eins*! Öffne deine Augen. Du bist hellwach und fühlst dich großartig!

Übung 7

Atme tief und natürlich und konzentriere dich auf einen Punkt vor und etwas oberhalb von dir. Richte dich so lange auf diesen Punkt aus, bis deine Augenlider anfangen, schwer zu werden. Laß zu, daß sie sich behutsam schließen. Jetzt komme mit deiner Aufmerksamkeit zu deinem Herzen. Es ist, als würdest du deine Hand auf dein Herz legen. Spüre den Rhythmus deines Herzschlags. Richte deine ganze Aufmerksamkeit und dein Bewußtsein auf dein Herz. Denke an jemanden, den du liebst, und spüre die Wärme im Bereich deines Herzens. Jetzt werde dir deiner Zehen, Füße und Beine bewußt. Spüre die ganze Energie in diesen Teilen deines Körpers. Ziehe nun all diese Energie nach oben, weg von deinen Zehen, Füßen und Beinen, und bringe Sie in dein Herz. Nimm jetzt deinen Kopf, die Krone deines Kopfes, dein Gesicht und deinen Hals bewußt wahr. Spüre die ganze Energie dort. Jetzt ziehe all diese Energie hinunter in dein Herz. Dann mache dir deine beiden Schultern, Arme, Hände und Finger bewußt. Spüre die ganze Energie dort. Ziehe jetzt diese ganze Energie in dein Herz. Mach dir den Raum um deinen Körper bewußt.

Spüre die Energie dort. Ziehe die ganze Energie in dein Herz. Spüre die ganze Energie in deinem Herzen. Fühle die Liebe in deinem Herzen. Spüre, wie dein Herz anschwillt vor lauter liebevoller Energie. Schicke jetzt diese Liebesenergie jemandem, der sie braucht ... und dann dir selbst. Fahre eine Weile fort, sie zu fühlen, zu verschicken und zu genießen ... *(Machen Sie ein paar Minuten oder so lange, wie Ihr Kind seine Aufmerksamkeit halten kann, Pause. Dann beginnen Sie mit der kreativen Visualisierung Ihrer Wahl. Wenn Sie damit fertig sind, bleiben Sie einen Augenblick still. Drehen Sie die Musik, falls Sie im Hintergrund welche spielen, langsam leiser, bis sie nicht mehr zu hören ist. Wenn Sie wieder anfangen zu sprechen, werden Sie etwas schneller, so daß Ihre Stimme am Ende der Übung wieder ihre normale Geschwindigkeit und ihren normalen Tonfall hat)* ... Jetzt kehre mit deiner Aufmerksamkeit allmählich wieder zurück in dein Herz. Spüre all die Liebe in dir und wisse, daß sie immer da ist. Komm jetzt mit deiner Aufmerksamkeit zu deinem Atem ... und dann zurück in diesen Raum. Nimm einen tiefen Atemzug, und wenn du dich bereit fühlst, öffne deine Augen!

Eine Liste von geeigneter Musik oder Hintergrundgeräuschen für diese Meditationen und die nun folgenden kreativen Visualisierungen finden Sie am Ende dieses Buches. Die Musik sollte relativ leise gespielt werden, um nicht von Ihrer Stimme abzulenken. Sorgen Sie dafür, daß Ihre Kassette lang genug ist. Wenn Sie oder Ihr Kind sich durch Musik abgelenkt fühlen, lassen Sie sie weg.

Teil III

Kreative
Visualisierungen

Mit Kindern kreativ visualisieren

Am besten ist es, die kreativen Visualisierungen mit den Meditationen zu kombinieren und sie in dem beschriebenen Rahmen anzuwenden. Darüber hinaus gibt es aber noch viele andere Anwendungsmöglichkeiten, und mit der Zeit werden Sie bestimmt Ihre ganz eigene persönliche Form entdecken und entwickeln.

Wenn Sie eine kreative Visualisierung mit Kindern anleiten, ist es ganz wesentlich, daß sämtliche vorbereitende Schritte (Loslassen von Hindernissen, Fokussierung der Energie und Entspannung in einen meditativen Zustand) getan wurden. Mit fortschreitender Übung werden Sie für die einzelnen Abläufe immer weniger Zeit brauchen, auch wenn Sie bei bestimmten Übungen, die Ihnen besonders Spaß machen, vielleicht länger verweilen möchten! Nehmen Sie sich aber auf jeden Fall die Zeit, die Sie brauchen, um Ihrem Kind zu helfen, sich in den richtigen Zustand zu begeben, damit es von Anfang an von dem Prozeß etwas hat!

Sprechen Sie, wie bei den Meditationen, mit einer sanften, aber hörbaren Stimme. Machen Sie langsam und legen Sie häufig Pausen ein. Sie müssen den Texten nicht Wort für Wort folgen – improvisieren Sie, benutzen Sie Ihre eigenen Einfälle und wenden Sie an, was Sie über die individuellen Bedürfnisse Ihres Kindes wissen.

Jede der folgenden Visualisierungen ist für sämtliche Altersstufen geeignet; trotzdem schlage ich vor, daß Sie Ihre Wortwahl auf das Alter und den geistigen Entwicklungsstand des Kindes abstimmen, falls das notwendig sein sollte.

Wenn Sie Hintergrundgeräusche oder Musik benutzen, sollten Sie daran denken, daß das Hilfsmittel sind, um die Energie zu konzentrieren, die entsprechende Atmosphäre zu schaffen und den Prozeß zu *unterstützen*.

Einen Garten anlegen

Jede dieser Visualisierungen ist in eine Meditation eingebettet und wird abgeschlossen, indem Sie Ihr Kind aus dieser Meditation wieder »heraus-führen« (vergleiche das vorige Kapitel über Meditation).

 Der Weg

Stell dir einen Weg in der Natur vor – irgendeinen Weg, wie du ihn gern haben möchtest – breit, eng, gewunden, gerade, an einem Fluß oder am Meer entlang, durch eine Wiese oder einen Wald – wie er dir gefällt ... Jetzt möchte ich, daß du deinen Weg entlanggehst, bis du zu einem Baum kommst, einem Baum mit vielen, vielen Ästen. Dies ist der Sorgenbaum, der Baum, an den du alle deine Sorgen hängst. Mache einen Augenblick halt und lade deine Sorgen ab – ganz gleich, wie klein sie sein mögen. Hänge Sie alle an den Baum, bevor du weitergehst ... Paß auf, daß du keine vergißt! ... Jetzt gehe weiter auf deinem Weg entlang. Wenn Steine, Äste oder andere Hindernisse auftauchen, halte an und schiebe sie be-hutsam beiseite. Gib ihnen etwas von der Liebe in deinem Herzen und geh weiter. Schon bald kommst du zu einer kleinen Pforte, die ganz von deinen Lieblingsblumen überwachsen ist. Rieche ihren lieblichen Duft, während du die Pforte vorsichtig öffnest. Wenn du durch deine Pforte gehst, betrittst du den schönsten Garten, den du jemals gesehen hast. Er sieht genauso aus, wie du ihn haben möchtest, und gehört dir ganz allein: Alle Farben in deinem Garten sind leuchtend und schön. Die Sonne scheint hell, und die Vögel singen dir ein Willkommenslied. Du fühlst dich so sicher und friedlich ... Wandere eine Weile durch deinen Garten und erforsche ihn ... *(Machen Sie ein paar Minuten oder so lange, wie Ihr Kind*

seine Aufmerksamkeit halten kann, Pause) ... Bevor du jetzt gehst, möchte ich, daß du deinem Garten dafür dankst, daß er für dich da ist und so vollkommen ist! Wisse, daß dein Garten *immer* für dich da ist, wenn du ihn brauchst ... *(Fahren Sie hier mit den Anweisungen für die Meditation an der entsprechenden Stelle fort).*

Dies ist eine grundlegende Visualisierung, die meiner Erfahrung nach als Rahmen und Basis für weitere oder speziellere Visualisierungen sehr wirkungsvoll ist. Sie können darauf aufbauen – wie ich es bei vielen der folgenden Visualisierungen tue – oder sie so benutzen, wie sie ist. Für sich stehend, ist sie besonders hilfreich, wenn ein Kind krank ist, sich über etwas Bestimmtes Sorgen macht oder Unterstützung braucht, um sich sicher zu fühlen.

Außer in Ihren Sitzungen können Sie diese Visualisierung auch für sich anwenden, ähnlich wie eine Geschichte. Meiner Erfahrung nach ist sie hilfreich, wenn ein Kind schwer einschlafen kann oder Schwierigkeiten bewältigen muß, zum Beispiel einen Krankenhausaufenthalt.

Der Professorenbaum

Stelle dir wieder deinen Weg in der Natur vor. Gehe ihn entlang, bis du zu deinem Sorgenbaum kommst. Mache bei deinem Sorgenbaum halt und hänge alle Sorgen an ihm auf, die du heute hast. Denke daran, es ist nicht wichtig, *was* für Sorgen du hast ... der Sorgenbaum hat so viele Äste, daß Platz für alle mögliche Sorgen ist ... Jetzt gehe weiter, bis du zu deiner Pforte kommst. Halte an und rieche die wunderschönen Blumen, die an deiner Pforte wachsen. Während du deine Pforte öffnest, fällt dir auf, daß die Sonne heute sogar noch strahlender scheint. In deinem Garten ist der Himmel über dir von dem leuchtendsten Blau, das du je gesehen hast. Um dich herum zwitschern die Vögel, und das Gras unter deinen Füßen ist weich und kühl. Du wanderst ganz durch deinen Garten, bis du zu einer riesengroßen Tanne kommst. Sie ist so hoch, daß sie bis über die Wolken reicht ... du kannst die Spitze nicht sehen! Der Stamm des Baumes ist dick, und am unteren Ende hat er eine schmale Öffnung – gerade so groß, daß du hindurchpaßt. Als du dir den Stamm des Baumes näher anschaust, scheint er ein Gesicht zu haben, ein liebenswürdiges und weises Gesicht, wie das eines freundlichen Professors. Er scheint dir zu winken, und ganz vorsichtig trittst du durch die Öffnung in den Stamm. Als deine Augen sich an das Licht gewöhnt haben, siehst du, daß die Mitte des Stammes hohl ist, und daß es hier drinnen viele winzige Türen gibt. Jede Tür führt zu einem Stückchen Rinde, und in der Rinde ist alle Weisheit, die du jemals brauchen wirst. Hast du eine Frage, die du gern stellen möchtest? Jede Frage, auf die du eine Antwort brauchst, ist geeignet ... Wenn du an deine Frage denkst, öffnet sich wie durch Zauberkraft die winzige Tür zur Rinde, die deine Antwort bereithält. Gehe jetzt zu der offenen Tür und nimm deine Antwort in Empfang ... Vielleicht steht sie auf einem Blatt Papier geschrieben ... oder sie ist gemalt ... oder du hörst sie. Jetzt tritt aus dem Baumstamm hinaus in deinen Garten. Dreh dich um und bedanke dich bei dem Professorenbaum dafür, daß er da ist. Er sagt dir, daß er *immer* da sein wird, wenn du eine Antwort brauchst. Während du zu deiner Gartenpforte wanderst, dankst du deinem Garten dafür, daß er da ist. Wisse, daß er immer da sein wird, ganz gleich, wann du ihn brauchst ... *(Fahren Sie hier mit den Anweisungen für die Meditation an der entsprechenden Stelle fort).*

Wenn Ihr Kind manchmal im Professorenbaum keine Antwort erhält, können Sie ihm versichern, daß es sie schon bald bekommen wird. Vielleicht war in der winzigen Tür kein Platz für die Antwort, oder vielleicht war sie noch nicht fertig? Meiner Erfahrung nach bekommen die Kinder fast immer eine Antwort. Manchmal jedoch ist sie ganz persönlich oder privat. Versuchen Sie nicht, Ihrem Kind seine Frage oder Antwort zu entlocken. Wenn es möchte, daß Sie sie wissen, wird es sie Ihnen zur richtigen Zeit schon erzählen.

Wolkenbilder

Stell dir deinen Weg in der Natur vor. Gehe jetzt auf ihm entlang, bis du zu deinem Sorgenbaum kommst. Mache eine Pause und hänge alle Sorgen auf, die du heute hast. Denke daran, dein Sorgenbaum nimmt dir alle möglichen Sorgen ab! ... Jetzt gehe auf deinem Weg entlang, bis du zu deiner Pforte kommst. Auf den Blumen, die an deiner Pforte wachsen, funkeln heute Tautropfen. Duften die Blüten nicht köstlich? Öffne jetzt deine Pforte und betritt deinen Garten. Während du über das Gras läufst, fällt dir auf, daß eine sanfte Brise deine Haut streichelt und sich mit der Sonnenwärme vermischt. Das Gras ist weich und trocken, also beschließt du, dich eine Weile hinzulegen. Während du zum Himmel hochschaust, siehst du, wie ein paar kleine, weiße Bauschwolken vorbeiziehen. Du beobachtest sie und entdeckst, daß sie verschiedene Bilder formen. Eine Wolke hat die Gestalt einer feinen Dame ... während du sie weiter beobachtest, verwandelt sich das Bild in das einer Elfe ... und gleich darauf in einen alten Mann ... dann in ein Kaninchen ... bleibe liegen und beobachte die Wolken noch eine Weile. Schau, wie viele verschiedene Gestalten und Bilder sie formen, während du sie auf verschiedene Weise betrachtest ... Jetzt ist es Zeit für dich, deinen Garten zu verlassen. Während du dich von den Wolken verabschiedest, dankst du dem Garten dafür, daß er da ist und weißt, daß er immer für dich da sein wird, wenn du ihn brauchst ... *(Fahren Sie hier mit den Anweisungen für die Meditation an der entsprechenden Stelle fort).*

 Der Spiegelsee

Ich möchte, daß du zu deinem Weg in der Natur gehst und auf ihm entlangwanderst ... bis du zu deinem Sorgenbaum kommst. Wenn du heute irgendwelche Sorgen hast, hänge sie an den Baum, bevor du weitergehst ... Jetzt bleibe auf deinem Weg, bis du zu deiner Gartenpforte kommst. Mehrere wunderschöne Schmetterlinge umflattern heute die Blumen an deiner Pforte. Beobachte, wie sich sich auf den Blumen niederlassen und es genießen, mitzuschwingen, während du die Pforte aufstößt. Heute ist dein Garten erfüllt vom Duft der Obstbaumblüten, und die Vögel singen voller Freude. Du machst einen Spaziergang in deinem Garten und kommst an dem großen Professorenbaum vorbei ... möchtest du anhalten und eine Frage stellen? ... Du gehst weiter durch deinen Garten, an einigen anderen Bäumen vorbei, einen Hang hinunter, über das Gras ... bis du zu einem kleinen See kommst, einem wunderschönen blaugrünen See. Die Sonne scheint auf ihn, ihr strahlendes Licht spiegelt sich im Wasser, so daß es aussieht, als würden Tausende von Diamanten auf der Oberfläche des Sees tanzen. Du hältst an und nimmst jede Bewegung im See wahr ... jede kleine Welle auf der Wasseroberfläche ... die Luft ist ganz still, und der See ist ruhig ... friedlich ... während du schaust, kommt ein kleines Floß auf dich zugetrieben ... du kletterst hinauf, denn du weißt, daß alles in deinem Garten völlig sicher ist. Langsam bringt das Floß dich in die Mitte des Sees und gleitet dabei anmutig wie ein Schwan über das Wasser. Du liegst auf dem Floß und schaust über den Rand ins Wasser. Es ist so glasklar, und du kannst dich selbst darin sehen wie in einem Spiegel ... was siehst du sonst noch? Das Floß gleitet behutsam zurück an den Rand des Sees ... Langsam trittst du ans grasbewachsene Ufer und winkst dem Floß zum Abschied zu. Du wanderst zurück durch deinen Garten und weißt, daß du wiederkommen kannst, wann immer du möchtest. Danke deinem Garten, während du ihn verläßt ... *(Fahren Sie hier mit den Anweisungen für die Meditation an der entsprechenden Stelle fort).*

Der Kristallberg

Stelle dir deinen Weg in der Natur vor. Gehe darauf entlang, bis du bei deinem Sorgenbaum ankommst. Hast du heute irgendwelche Sorgen, die du aufhängen möchtest? Geh jetzt weiter, bis du zu deiner Pforte kommst. Rieche den süßen Duft frischer Blumen, während du deine Pforte öffnest. Während du heute deinen Garten betrittst, fällt dir auf der einen Seite ein schmaler Kiesweg auf ... und du beschließt, ihm zu folgen. Er windet sich in vielen Kurven durch deinen Garten, vorbei an den schönsten Blumen, Büschen und Pflanzen ... Bald kommst du zur Ecke einer Hecke. Als du um die Ecke biegst, siehst du vor dir einen herrlichen Berg. Er funkelt in vielen Farben und sieht aus wie ein riesiger Kristall. Als du näher kommst, siehst du, daß er viele natürliche Stufen hat ... du beschließt, sie hochzusteigen! Als du die erste Stufe betrittst, bemerkst du, daß der ganze Fuß des Berges rot ist. Ein leuchtendes Feuerrot. Du siehst, daß auf der einen Seite leuchtend rote Blumen blühen und auf der anderen ein Kirschbaum steht, der unter der Last seiner roten Kirschen fast zusammenbricht. Die roten Blumen verströmen einen höchst exotischen Duft, und du beschließt, eine Kirsche zu pflücken. Du beißt hinein, und der süße Saft füllt deinen Mund ... hmmmmmmmm ... Du gehst ein paar Stufen weiter den Kristallberg hinauf und bemerkst jetzt unter deinen Füßen ein leuchtendes Orange ... Du scheinst jetzt in einem Orangenhain zu sein, denn alle Bäume um dich herum sind schwer beladen mit saftigen Orangen. Vielleicht hast du Lust auf Orangensaft ... frisch aus einer saftigen Orange ... Jetzt steigst du den Berg noch ein paar Stufen höher und stellst fest, daß hier alles leuchtend gelb ist. Überall blühen gelbe Blumen ... hohe und niedrige, große und kleine ... Auf der einen Seite fließt ein schmaler Bach, und du beschließt, hineinzusteigen, um dich zu erfrischen ... Ein Zitronenbaum schenkt dir Schatten, während du badest, und der starke, frische Zitronenduft erfrischt dich noch mehr ... Einige Stufen höher ist der üppig grüne Berg. Hier ist es wie im Regenwald. Viele wunderschöne Vögel fliegen zwischen den Hunderten von Bäumen hin und her, und alle deine Lieblingstiere sind da, um dich zu begrüßen ... Steige jetzt weiter zur nächsten Ebene, dort ist es überall um dich herum blau. Niemals zuvor hast du so ein schönes Blau gesehen ... Auf der einen Seite des Berges siehst du das Meer, und Delphine spielen in dem klaren blauen Wasser. Du tauchst in das blaue Meer und schwimmst und spielst eine Weile mit den Delphinen ... Als du zum Berg zurückkehrst, steigst du den blauen Felsen hinauf, und plötzlich ist deine ganze Umgebung violett ... sie sieht aus wie ein riesiger Amethyst ... das Licht spiegelt sich in den Steinen, und alles um dich herum funkelt! ... Als du schließlich zum Gipfel des Berges gelangst, wird alles um dich herum weiß ... strahlend weiß. Hier leben all deine liebsten Gedanken und Träume. Deine Lieblingssachen und deine Lieblingswesen sind hier ... Engel, Feen, Wolken und Sonnenstrahlen ... was du nur möchtest, ist hier ... alles in ein strahlend weißes Licht getaucht ... Ich werde dich jetzt eine Weile allein lassen, damit du deinen Kristallberg genießen kannst. Vielleicht möchtest du ihn noch ein wenig erforschen? ... *(Pause)* Wenn du deinen Kristallberg verläßt, bedankst du dich dafür, daß er da ist ... und du weißt, daß du wiederkommen kannst, wann immer du möchtest. Bedanke dich auch bei deinem Garten ... dafür, daß er immer für dich da ist. *(Fahren Sie hier mit den Anweisungen für die Meditation an der entsprechenden Stelle fort).*

Für diese Visualisierung kann es von Vorteil sein, wenn Sie Ihr Kind mit Kristallen vertraut machen, falls es sie noch nicht kennt.

Der fliegende Teppich

Stelle dir deinen Weg in der Natur vor. Schlendere gemütlich auf deinem Weg entlang, bis du zu deinem Sorgenbaum kommst. Mache halt, um zu sehen, ob du heute irgendwelche Sorgen hast, die du an diesen Baum hängen möchtest. Wenn ja, dann hänge sie jetzt dort auf. Paß auf, daß du keine vergißt! ... Jetzt gehe weiter auf deinem Weg entlang, bis du zu deiner Gartenpforte kommst. Bleibe einen Augenblick stehen, um dich an den schönen Blumen zu erfreuen, die an deiner Pforte wachsen. Genieße ihren Duft. Jetzt öffne deine Pforte und betritt deinen Garten. Während du durch deinen Garten wanderst, kannst du spüren, wie die Sonne dich wärmt. Die Vögel und Insekten klingen heute wie ein Chor. Das Gras sieht grüner aus denn je! Du spürst, wie weich es unter deinen Füßen ist, und schaust nach unten ... nicht weit von dir scheint etwas Gemustertes im Gras zu liegen ... Du läufst hin, um zu sehen, was es ist ... Da liegt vor dir mitten im Gras ein Teppich in leuchtenden Farben. Du bückst dich und berührst ihn ... er fühlt sich schön flauschig an ... langsam betrittst du den Teppich und setzt dich hin. Es sitzt sich wirklich gemütlich dort ... es fühlt sich fast so an, als würdest du auf Luft sitzen ... allmählich wird dir klar, daß du *tatsächlich* auf Luft sitzt, denn dein Teppich ist aufgestiegen und schwebt ein paar Zentimeter über dem Boden. Wie aufregend! Laß uns sehen, ob er wirklich fliegen kann! ... Es ist tatsächlich ein fliegender Teppich ... er steigt höher und höher, immer höher steigst du ... über die Wipfel der Bäume hinauf, durch Wolken und über sie hinaus ... höher und höher in die Luft, weg von der Erde, bis unser Planet unter dir nur noch ein kleiner Ball ist. Höher und höher fliegst du, hoch in den Raum, bis du zwischen den Sternen fliegst. Während du dort oben auf deinem fliegenden Teppich zwischen den Sternen sitzt, wirfst du einen Blick nach unten auf Mutter Erde und schickst ihr deine ganze Liebe. Ist es nicht toll, daß du das kannst? ... Jetzt möchtest du vielleicht eine Weile um die Sterne herumfliegen und dir eine schöne Zeit machen ... *(Machen Sie so lange Pause, wie Ihr Kind aufmerksam bleiben kann.)* ... Jetzt beginnt dein fliegender Teppich zu sinken ... winke den Sternen zum Abschied, während du tiefer und tiefer, tiefer und tiefer sinkst ... die Erde wird größer und größer, während du ihr näher und näher kommst ... durch die Wolken, an den Baumwipfeln vorbei nach unten ... und dann landet dein fliegender Teppich ganz sanft auf dem weichen Gras in deinem Garten. Während du den magischen Teppich und deinen Garten verläßt, dankst du beiden dafür, daß sie für dich da sind ... *(Fahren Sie hier mit den Anweisungen für die Meditation an der entsprechenden Stelle fort).*

Die Regenbogenbrücke

Stelle dir deinen Weg in der Natur vor. Wandere ihn entlang, bis du zu deinem Sorgenbaum kommst. Hänge jetzt all deine Sorgen an den Baum, bevor du auf deinem Weg weitergehst ... Während du jetzt auf deinem Weg zu deiner Pforte gehst, räumst du sämtliche Hindernisse, auf die du stößt, behutsam und liebevoll beiseite. Achte auf all die verschiedenen Farben der Blumen, wenn du jetzt bei deiner Gartenpforte ankommst. Rieche ihren süßen Duft, während du die Pforte behutsam öffnest. Schlendere gemütlich durch deinen Garten und erfreue dich an all den verschiedenen Aussichten, Geräuschen und Gerüchen ... streichele deine Lieblingsblume und spüre, wie weich die Blütenblätter sind ... Nimm wahr, daß es in deinem Garten gerade aufgehört hat zu regnen. Die Sonne scheint jetzt, und kleine Wassertropfen funkeln auf den Blättern der Bäume. Das Gras ist feucht und die Luft ist frisch. Als du hochschaust, siehst du mehrere Regenbögen über deinem Garten ... Sie sehen aus, als ob sie Brücken zwischen den Bäumen bauen. Es gibt so viele davon, am liebsten würdest du Freudensprünge machen! Hoch oben über all diesen kleinen Regenbögen spannt sich ein riesengroßer Regenbogen! Du beginnst, auf ihn zuzugehen. Du weißt, daß in deinem Garten Wunder passieren, und es kann sein, daß du den Regenbogen *tatsächlich* erreichst, wenn du einfach weitergehst! ... Du gehst weiter und weiter und bewegst dich jetzt rasch durch deinen Garten auf den riesigen Regenbogen zu. Du kommst ihm näher und näher, bis ... du wie durch Zauberkraft direkt unter dem Regenbogen stehst! Er ist wie eine großartige, enorme Brücke, die von einer Seite deines Gartens zur anderen reicht. Du beschließt, dich auf ihn hinaufzuwagen. Du gehst hinüber zum einen Ende und beginnst, hinaufzuklettern. Als du nach unten schaust, siehst du, daß du selbst zu *sämtlichen* Farben des Regenbogens geworden bist ... rot, orange, gelb, grün, blau, indigo und violett. Da du dich auf dem Regenbogen befindest, bist du Teil von ihm geworden ... Als du dich dem Gipfel der Regenbogenbrücke näherst, siehst du vom anderen Ende der Brücke eine Gestalt auf dich zukommen ... es ist dein Regenbogenfreund! ... Ich lasse dich jetzt eine Weile allein, damit du auf dem Regenbogen mit deinem Regenbogenfreund spielen kannst. Danke beiden dafür, daß sie da sind ... und danke dann deinem Garten, wenn du gehst. Du weißt, daß sie alle für dich da sind, wann immer du sie brauchst ... *(Fahren Sie hier mit den Anweisungen für die Meditation an der entsprechenden Stelle fort).*

Die Heilungsfeen

Stelle dir deinen Weg in der Natur vor. Du gehst darauf entlang und kommst an deinem Sorgenbaum vorbei. Schau, ob du irgendwelche Sorgen hast, die du heute aufhängen möchtest. Dann gehe deinen Weg weiter, bis du zu deiner Gartenpforte kommst. Wie schön die Pforte heute ist ... Sie ist mit Blumen bewachsen, so farbenprächtig und süß duftend, wie du es dir nicht schöner vorstellen kannst. Das muß eine ganz besondere Pforte sein! Du schiebst sie behutsam auf, gehst hindurch und machst halt, um deine besondere Pforte noch einmal zu bewundern, während sie sich hinter dir schließt. Als du dich von der Pforte entfernst und in deinen Garten gehst, hörst du hinter dir ein Rascheln. Du drehst dich um ... und siehst mehrere winzige herzförmige Gesichter, die zwischen den Blumen an deiner Pforte zu dir hinschauen. Als du sie näher betrachtest, siehst du, daß die Gesichter kleinen Feen gehören, die hinter den Blumen und Blättern langsam hervorkommen. Zuerst kommt eine Fee hervor ... dann die nächste ... dann noch eine und noch eine, bis etwa zehn Feen vor dir mit ihren Flügeln flattern. Sie alle tragen kleine Federstaubwedel und lächeln dich herzlich an, um dich willkommen zu heißen. Sie fangen an zu singen:

> Laß uns dir zeigen, was möglich ist,
> wenn du einmal traurig bist.

Dann nehmen sie dich bei den Händen und führen dich durch deinen Garten ... *(Pause)* ... Ihr kommt zu einem kleinen, einsamen Strand. Der Sand ist weich, trocken und warm. Hier bitten die Feen dich, es dir bequem zu machen. Sie machen sich um dich herum mit ihren Staubwedeln zu schaffen. Du fühlst dich entspannt und friedlich und kannst die Liebe der Feen in deinem eigenen Herzen spüren ... Die Feen singen:

> Wo immer deine Lebensgeister enteilen,
> kommen wir mit unseren Wedeln
> und helfen dir zu heilen.

Ich bin sicher, daß du dich irgendwo gern besser fühlen möchtest ... Vielleicht möchtest du es auch einfach nur genießen, von den Heilungsfeen verwöhnt zu werden ... *(Machen Sie so lange Pause, wie Ihr Kind seine Aufmerksamkeit halten kann)* ... Während du dich bei den Feen bedankst und sie hinter dir läßt, weißt du, daß sie immer für dich da sind, wenn du sie brauchst ... genauso wie dein Garten ... *(Fahren Sie hier mit den Anweisungen für die Meditation an der entsprechenden Stelle fort).*

Die letzte Garten-Visualisierung ist besonders wirkungsvoll, wenn Ihr Kind sich nicht wohl fühlt oder unter den ganz normalen Beschwerden und Schmerzen leidet, die mit dem Heranwachsen einhergehen! Ich habe auch festgestellt, daß sie – für sich angewandt – sowohl nützlich als auch wirkungsvoll ist, wenn ein Kind zum Arzt oder Zahnarzt muß. Sie unterstützt das Kind darin, sich zu entspannen und mit der Situation gelassener umzugehen, und kann auch helfen, vorübergehende Schmerzen zu lindern, unter denen das Kind leiden mag. Ich habe selbst die Erfahrung gemacht, daß sie bei kranken Kindern den Heilungsprozeß beschleunigt.

Selbsterziehung

Jede dieser Visualisierungen ist in eine Meditation eingebettet und schließt damit ab, daß Sie das Kind aus dieser Meditation wieder »herausführen« (siehe das Kapitel *Zentrierung und Meditation*). Die Visualisierungen in diesem Kapitel können jedoch auch für sich angewendet werden, um Ängsten entgegenzuwirken und Selbstvertrauen zu entwickeln, wenn das für bestimmte konkrete Situationen aktuell erforderlich werden sollte.

Alpträume

Wenn Ihr Kind häufig Alpträume hat, sich vor »Monstern unter dem Bett« fürchtet oder nachts »Gespenster« und andere beängstigende Wesen sieht, sollten Sie die folgende Visualisierung, eingebettet in eine Meditation, mit ihm machen, und zwar einmal. Wenn jedoch der Alptraum wiederkehrt, wiederholen Sie die Visualisierung *sofort oder so bald wie möglich*, am besten, sobald Ihr Kind sich genügend unter Kontrolle hat, um dem Prozeß zu folgen. Wenn Ihr Kind alt genug ist, um die Visualisierung zu behalten und selbst zu machen, sollten Sie es unmittelbar vor dem Schlafengehen daran erinnern und dazu ermutigen.

Du befindest dich an einem sicheren Ort – hier ist es ruhig und friedlich, und du bist ganz von Liebe umgeben, die dein Herz erfüllt. Du bist sicher und in Frieden. Jetzt möchte ich, daß du dich umdrehst und das Monster anschaust, schau ihm direkt ins Gesicht. Das ist ganz sicher, denn jetzt hast du es in der Hand! Strecke beide Arme nach dem Monster aus. Strecke all deine Finger aus. Während du Arme und

Finger ausstreckst, siehst du, daß das Monster kleiner und kleiner wird. Fahre fort, Arme und Finger auszustrecken. Das Monster schrumpft immer mehr zusammen. Während du Arme und Finger ausstreckst, wird es kleiner und kleiner, bis es so klein ist, daß es auf deine Handfläche paßt. Es schrumpft immer noch weiter und wird so klein wie ein Stecknadelkopf. Jetzt kannst du dich mit ihm anfreunden ... spiele mit ihm ... mache mit ihm, was du möchtest ... spiele mit ihm wie mit einem Ball und laß es auf- und abprallen ... spiele so mit ihm, wie du es möchtest! *(Wenn Ihr Kind das Monster aus dem Fenster oder woanders hinwerfen möchte, lassen Sie es zu. Lassen Sie es alles tun, was ihm spontan einfällt.)*

Nervös bedingte Beschwerden und Schmerzen

Wenn Ihr Kind unter Beschwerden und Schmerzen leidet, die auf Anspannung beruhen, wie Kopfschmerzen, Bauchschmerzen oder ähnliches, kann die folgende Visualisierung eine große Hilfe sein. Machen Sie die Visualisierung einmal im Rahmen einer Meditation. Im Anschluß lassen Sie Ihr Kind ausführen, was die Visualisierung vorgibt (in diesem Fall ein Glas Wasser trinken), während Sie den Affirmationsprozeß der Visualisierung noch einmal wiederholen. Wenn die Beschwerden und Schmerzen anhalten, sollten Sie mit Ihrem Kind zum Arzt gehen und untersuchen lassen, ob körperliche Ursachen vorliegen.

Stell dir einmal vor, daß ein großes Glas vor dir steht. Und stell dir jetzt vor, wie sich dieses Glas mit Trinkwasser füllt, bis es voll ist. Wisse, daß in diesem Wasser Millionen von unsichtbaren Zauberkristallen sind, die dir deine —— schmerzen nehmen werden. Jetzt nimm einen tiefen Atemzug und laß dann die ganze Luft wieder heraus. Sieh jetzt, wie du das Glas Wasser an die Lippen führst und das Wasser trinkst. Während das Wasser durch deine Kehle in deinen Bauch rinnt, spürst du, wie deine —-schmerzen nach unten und aus deinem Körper fließen, da die Zauberkristalle im Wasser sie wegspülen. Sobald du das Wasser ausgetrunken hast, werden deine —-schmerzen völlig verschwunden sein! *(Kurze Pause)* Deine —-schmerzen sind jetzt verschwunden, und du fühlst dich viel besser als vorher!

Ich habe die Erfahrung gemacht, daß diese Visualisierung nicht nur bei Beschwerden und Schmerzen, sondern auch bei Wutausbrüchen hilft. Das ist jedoch nur dann der Fall, wenn das Kind erkennt, daß der Wutausbruch ihm nicht guttut und es selbst wünscht, ihn unter Kontrolle zu bekommen oder abzustellen. Ganz gleich, um welches Problem es geht, wenn es auf Anspannung beruht, kann diese Visualisierung wertvolle Dienste leisten.

Ärger

Wenn Ihr Kind dazu neigt, oft ärgerlich zu werden und Wutausbrüche zu bekommen, empfehle ich Ihnen, die folgende Visualisierung im Rahmen einer Meditationsübung zu machen, und zwar einmal (wenn das Problem ernst ist, können Sie sie zwei- oder dreimal durchführen). Ermutigen Sie Ihr Kind dann, die Visualisierung selbst anzuwenden, sobald es Ärger in sich aufkommen spürt. Nach einiger Zeit können Sie dann auch die Visualisierung anwenden, bevor der Ärger entsteht.

Stell dir vor, du bist in einem leeren Raum. Sieh, wie du ärgerlich bist – schau nach, wie dein Gesicht aussieht und wie sich dein Körper anfühlt ... Laß diese Bilder jetzt gehen ... Sieh dich statt dessen in deinem Garten vor dir. Sieh jetzt dich selbst in deinem Garten, wie du dein Kuscheltier streichelst, ein anderes Lieblingstier oder ein weiches Spielzeug

... Sag dir jetzt, daß du das nächste Mal, wenn du ärgerlich wirst, innehältst, in deinen Garten gehst und dort eine Weile dein Lieblingstier streichelst. Wenn du das getan hast, schaust du dir noch einmal an, was dich ärgerlich gemacht hat. Schau es dir aus dem Gefühl heraus an, das du in deinem Garten hast, nicht aus deinem Ärger heraus. *Wisse,* daß du dich damit sehr viel besser fühlen wirst. Dein Gesicht, dein Körper, deine Empfindungen und *alles* an dir wird sich viel besser anfühlen!

Irrationale Ängste

Wenn Ihr Kind zu Nervosität neigt und unter irrationalen Ängsten leidet, können sämtliche Garten-Visualisierungen sehr hilfreich sein. Vergewissern Sie sich jedoch, daß die Ängste auch tatsächlich irrational *sind*, und Sie keine praktischen Schritte dagegen unternehmen oder körperlich Abhilfe schaffen können.

Die ideale Zeit für die Garten-Visualisierungen ist vor dem Schlafengehen. Je häufiger Sie sie machen, desto besser. Die folgenden Visualisierungen eignen sich bei speziellen Ängsten.

Du befindest dich an einem ganz geschützten Ort. Dreh dich jetzt um und schau dir an, wovor du Angst hast. Schau dir deine Angst vor ... *(hier bezeichnen Sie die Angst)* an. Verwandle nun die Angst in eine Wolke ... welche Farbe hat sie? Jetzt möchte ich, daß du auf die Wolke zeigst. Während du darauf zeigst, siehst du, wie sie zu schrumpfen beginnt. Sie wird kleiner und kleiner. Streck deine andere Hand aus und fange sie, da sie jetzt klein genug geworden ist, um in deine Hand zu passen. Schau sie dir an. Es ist einfach nur eine kleine Wolke, und eine Wolke besteht aus Wasser. Schließe jetzt deine Hand und spüre, wie die Wolke verdampft. Öffne deine Hand und sieh, daß nur ein paar Wassertropfen übriggeblieben sind. Halte deine Hand hin, bis sie trocknet ... Da, jetzt ist deine Wolke verschwunden, deine Angst verdampft, verschwunden! *(Vielleicht müssen Sie diese Visualisierung – je nach Ausmaß und Intensität der Angst – ein paarmal wiederholen, bevor sie nachhaltig wirkt.)*

Unruhe und Besorgnis

Wenn Ihr Kind mehr Unruhe und Besorgnis zeigt, als für sein Alter normal ist, kann die folgende Visualisierung helfen. Führen Sie sie ein- bis zweimal im Rahmen einer Meditation durch. Dann ermutigen Sie Ihr Kind, diese Visualisierung selbst anzuwenden, wenn es anfängt, sich ängstlich und besorgt zu fühlen.

Stell dir vor, du bist in einem weiten, offenen Raum. Sieh dich, wie du besorgt bist. Schau, wie dein Gesicht aussieht und sich anfühlt. Schau, wie deine Schultern, dein Nacken und deine Hände aussehen und sich anfühlen ... Jetzt laß diese Bilder gehen ... sieh dich statt dessen in deinem ganz besonderen Garten vor dir. Sieh dich jetzt in deinem Garten, beschäftigt mit dem, was du am allerliebsten tust und was dir wirklich Spaß macht! ... *(Machen Sie lange genug Pause, damit Ihr Kind wirklich in Kontakt damit kommt, daß es seine Lieblingsbeschäftigung genießt.)* ... Sieh, wie glücklich du bist. Schau dir an, wie dein Gesicht aussieht und wie es sich anfühlt. Schau, wie entspannt deine Schultern, dein Nacken und deine Hände sind ... Sage dir jetzt, daß du dich stoppst, wann immer du das Gefühl hast, unruhig und besorgt zu werden! Gehe dann in deinen besonderen Garten und genieße es, das zu tun, was du am allerliebsten tust. Wenn du das getan hast, schau dir wieder an, was dir Sorgen macht. Sieh es aus dem Trost und der Freude heraus, die dein Garten dir schenkt. Lohnt es sich wirklich, sich darüber so viele Sorgen zu machen? ... Wisse, daß dir dieser Prozeß immer helfen wird, dich in dir selbst sicher und geborgen zu fühlen.

Für diese Visualisierung und die Visualisierung bei Ärger ist erforderlich, daß Ihr Kind bereits seinen eigenen Garten angelegt hat (siehe das Kapitel *Einen Garten anlegen*) und mit den verschiedenen Garten-Visualisierungen vertraut ist.

Probleme lösen

Wenn wir das kreative Visualisieren mit Kindern anwenden wollen, um Probleme zu lösen, sind zwei Schritte notwendig. Der erste, der immer getan wird, besteht darin, daß wir ihnen helfen, sich an ihr eigenes inneres Wissen anzuschließen. Der zweite ist, ihnen zu helfen, die Veränderungen zu manifestieren, die die Lösung ihres Problems erfordert. Ich habe jede Visualisierung in zwei Abschnitte unterteilt. Je nach Problemstellung ist der zweite nicht immer notwendig.

Für die unterschiedlichen Altersgruppen werden verschiedene Bilder benutzt, da ältere Kinder bei der Problemlösung oft abstrakte Bilder bevorzugen, während kleinere Kinder besser mit konkreten Bildern umgehen können. Darüber hinaus sollten Sie aber die altersspezifischen Anweisungen flexibel handhaben – vielleicht erfordert die Individualität Ihres Kindes auch etwas ganz anderes. Es ist völlig in Ordnung, wenn Ihr Jugendlicher lieber die Visualisierung für Vorschulkinder macht und Ihre Siebenjährige lieber die für Teenager!

Jede Visualisierung ist in eine Meditation eingebettet und wird beendet, indem Sie Ihr Kind aus dieser Meditation »herausführen« (siehe das Kapitel *Zentrierung und Meditation).*

Der Professorenbaum

Diese Übung eignet sich für Vorschulkinder genauso wie für Jugendliche. Vorbedingung für diese Visualisierung ist, daß Ihr Kind sich seinen eigenen besonderen Garten angelegt hat – siehe das Kapitel *Einen Garten anlegen.*

Stell dir die Pforte zu deinem eigenen besonderen Garten vor. Sieh, wie wunderschön die Blumen sind, die heute an der Pforte wachsen. Rieche ihren Duft, während du deine Pforte öffnest ... Jetzt gehe durch die Pforte in deinen Garten. Wandere durch deinen Garten, bis du zu deinem Professorenbaum kommst – jener großen Tanne mit dem dicken, dicken Stamm! Gehe zu der Öffnung im Stamm und tritt ganz, ganz behutsam durch die Öffnung hinein. Als deine Augen sich an das Dämmerlicht gewöhnt haben, siehst du, wie riesengroß und hohl das Innere des Stammes ist. Um dich herum an der Innenseite des Stammes sind viele, viele kleine Türen, jede führt zu einem Stück Rinde. In der Rinde dieses großartigen Baumes liegt alle Weisheit, die du jemals brauchen wirst. Jede kleine Tür ist vorn mit einem Wort beschriftet. Auf einer steht »Familie«, auf einer anderen »Schule«, auf der nächsten —— *(Falls Sie es wissen, fügen Sie hier das Thema ein, das Ihrem Kind Probleme macht.)* Hole jetzt deine Frage/dein Problem hervor und geh zu der Tür, die dazu paßt. Öffne die Tür vorsichtig und leg deine Frage/dein Problem hinein. Jetzt schließe die Tür behutsam wieder. Während du auf eine Antwort wartest, nimmst du einen tiefen Atemzug und saugst den wundervollen Duft des Baumes ein. Zugleich nimmst du damit etwas von all der Energie im Baum in dich auf und spürst, wie schön sich das anfühlt. Ist es nicht toll, daß du deinen eigenen besonderen Garten und Baum hast, zu denen du hingehen kannst, wann immer du willst? Denke an all die schönen Dinge, die du in deinem Garten machst, und schau, ob diese Gedanken dir nicht ein gutes, liebevolles Gefühl im Herzen geben. Genieße dieses Gefühl eine Weile ... *(machen Sie eine kurze Pause)* ... Während du dein schönes Gefühl genießt, öffnet sich die kleine Tür mit deiner Antwort ganz von selbst. Geh hin und empfange deine Antwort, in welcher Form auch immer ... *(Pause)* ... Jetzt danke deinem Baum für seine Weisheit und dafür, daß er für dich da ist. Tritt aus dem Stamm hinaus und spaziere durch deinen Garten. Danke auch dem Garten dafür, daß er für dich da ist ... *(Hier*

*nehmen Sie die Meditation an der entsprechenden Stelle wieder auf oder fahren
bei Bedarf mit dem zweiten Teil dieser Visualisierung fort.)*

Kurz bevor du bei deiner Pforte ankommst, fällt dir rechts ein kleines
Feld auf. In der Mitte des Feldes befindet sich eine kleine Plattform. Als
du näher kommst, siehst du, daß es eine Bühne ist, aus Holzbalken gebaut.
Vor der Bühne stehen mehrere Reihen großer Pilze, die aussehen wie
bequeme Stühle. Du beschließt, dich auf einen zu setzen und es dir
gemütlich zu machen. Du fragst dich gerade, ob etwas passieren wird,
als du siehst, daß eine Gestalt auf der Bühne erscheint. Du bist es selbst!
Die Gestalt, das bist du, bevor du die Antwort/Lösung auf deine Fra-
ge/dein Problem *(nicht Zutreffendes weglassen)* bekommen hast. Wie siehst
du aus und wie fühlst du dich? Wie unterscheidet sich dein Du auf dem
Pilz von deinem Du auf der Bühne? ... Was mußt du verändern, jetzt, wo
du die Antwort oder die Lösung für dein Problem weißt? ... Beobachte
dich auf der Bühne und nimm diese Veränderung jetzt vor ... *(Machen Sie
ein paar Minuten Pause oder so lange, bis Sie spüren, daß Ihr Kind die Übung
abgeschlossen hat oder unruhig wird)*. Jetzt schau zu, wie du dich verbeugst,
nachdem du mit den Veränderungen fertig bist. Klatsche dir selbst Beifall
... begeistert applaudierend stehst du auf und gehst. Danke der Bühne in
deinem Garten für diese Erfahrung! ... *(Fahren Sie mit den entsprechenden
Anweisungen für den Meditationsprozeß fort.)*

Der Palast

Diese Übung eignet sich für Grundschüler und Jugendliche.

✍ **Stell dir eine wunderschöne Aussicht** in der Natur vor – was
immer du möchtest: einen Strand, Hügelketten, einen Wald, einen Land-
schaftsgarten oder etwas anderes. Jetzt möchte ich, daß du durch die
Landschaft wanderst und sie einen Augenblick erforschst ... *(Pause)* ... Du

kommst zu einem Weg in deiner Landschaft und beginnst, auf ihm entlangzugehen. Du siehst, daß der Weg in der Ferne vor einem großen Gebäude endet. Als du näher kommst, siehst du, daß dieses Gebäude wunderschön ist ... es sieht aus wie ein Palast! Langsam gehst du auf den Palast zu und bewunderst seine großartige, majestätische Schönheit ... In der Mitte des Palastes befindet sich eine große goldene Flügeltür. Die Türflügel öffnen sich, während du auf sie zugehst. Langsam betrittst du den Palast. Es gibt viele Zimmer in diesem Palast – tatsächlich gibt es hier Hunderte von Zimmern! An jeder Tür zu einem Zimmer hängt ein Schild. Auf dem einen steht »Schule«, auf dem anderen »Freundschaften«, auf dem dritten »Familie« und auf wieder einem anderen —— *(Falls Sie es wissen, fügen Sie hier das Thema ein, mit dem Ihr Kind Probleme hat.)* Hinter jeder Tür liegt ein Zimmer, in dem sich eine königliche Person oder Familie befindet. Sie besitzen alle Weisheit, die nötig ist, um sämtliche Probleme zu lösen, auf die das Schild an der Tür verweist! Jetzt möchte ich, daß du deine Frage/dein Problem *(nicht Zutreffendes weglassen)* hervorholst und zu der Tür gehst, die du brauchst. Öffne sie vorsichtig und tritt in den Raum ... Was siehst du? ... Lege jetzt deine Frage oder dein Problem der Hoheit dort vor, und setze dich auf ein Kissen oder einen Stuhl, um auf ihre Antwort zu warten. Während du wartest, achtest du darauf, wie sich das Material anfühlt, auf dem du sitzt. Ist es Samt, Seide oder ein anderes Material? Wie fühlt es sich an? Du bist umgeben von einem wunderbar üppigen Duft. Alles im Raum ist warm und schön. Spüre, wie du all die warmen und wunderbaren Energien aufnimmst. Spüre den Bereich um dein Herz ... was im Raum ist der Grund dafür, daß dir so warm ums Herz ist? ... *(Pause)* ... Während du diese schönen Gefühle genießt, kommt die königliche Person mit der Antwort/Lösung auf dich zu. Empfange die Antwort dankbar, in welcher Form sie auch zu dir kommt ... *(Pause)* ... Jetzt bedanke dich bei deiner Hoheit für ihre Weisheit und verlasse anmutig den Raum. Während du aus dem Palast gehst, dankst du ihr dafür, daß sie für dich da ist. *(Nehmen Sie den Meditationsprozeß an der entsprechenden Stelle wieder auf oder fahren Sie bei Bedarf mit dem zweiten Teil dieser Visualisierung fort.)*

Während du durch die große goldene Flügeltür gehst, ruft dich von innen eine Stimme zurück. Du kehrst durch die Türen zurück und gehst durch eine weitere Tür, aus der die Stimme kommt, die dich ruft. Hinter der Tür befindet sich ein ganz gemütliches Klassenzimmer. Es ist genauso eingerichtet, wie du ein Klassenzimmer einrichten würdest. An einer Wand hängt eine große Tafel, und davor steht ein Tisch, auf dem liegen Kreiden in sämtlichen Farben, die du dir vorstellen kannst. Die Stimme kommt durch ein Fenster – du gehst zu dem Fenster und schaust hinaus. Dort siehst du ... dich selbst ... so, wie du warst, bevor du deine Antwort/Lösung bekommen hast, bevor du den Palast betreten hast. Wie hast du dich da gefühlt? ... Wie fühlst du dich jetzt? ... Mußt du etwas verändern, jetzt, wo du die Antwort/Lösung weißt? ... *(Pause)* ... Geh zu der Tafel und nimm ein Stück Kreide in deiner Lieblingsfarbe in die Hand ... Jetzt schreibe die Veränderung(en), die du vornehmen mußt, auf die Tafel ... Sieh, wie die Worte Form annehmen ... Wiederhole alles, was du geschrieben hast, mit einer anderen Farbe ... Fülle die Tafel mit den/der Veränderung/en, die du vornimmst ... Jetzt tritt zurück und betrachte die Tafel ... Wisse, daß du die Veränderung(en) bereits vorgenommen hast ... Gib dir selbst die allerbeste Note für diese wunderbare Arbeit! Schreibe die Note oben auf die Tafel ... Danke dem Klassenzimmer dafür, daß es da ist und dir zu dieser Erfahrung verholfen hat ... Während du den Palast und deine wunderschöne Landschaft verläßt, dankst du beiden ... *(Hier nehmen Sie den Meditationsprozeß an der entsprechenden Stelle wieder auf.)*

Das Herz

Diese Übung ist speziell für Jugendliche gedacht.

Richte deine ganze Aufmerksamkeit auf dein Herz und denke an etwas oder jemanden, das/den du liebst ... Genieße die schönen Gefühle, die du dabei hast ... Jetzt nimm einen tiefen Atemzug und spüre, wie sich das Gefühl von Wärme und Liebe in deinem Körper ausbreitet ... nimm einen weiteren tiefen Atemzug und spüre, wie es deinen ganzen Körper füllt ... Wann immer du jetzt einen weiteren tiefen Atemzug nimmst, fühlst du, wie die Liebe den Raum um deinen Körper füllt. Spüre, wie das liebevolle Gefühl sich im ganzen Zimmer ausbreitet, in dem du dich befindest ... Nimm jetzt einen weiteren Atemzug und verbreite das Gefühl von Liebe, bis es das Gebäude füllt, in dem du dich befindest ... atme tief und fülle die Straße und das Gelände um das Gebäude herum ... Jetzt fülle die ganze Stadt mit diesem Liebesgefühl ... Nimm einen weiteren tiefen Atemzug und verbreite das Gefühl im ganzen Land ... Jetzt nimm einen weiteren tiefen Atemzug und fülle den ganzen Kontinent mit dem Gefühl von Liebe ... jetzt die Meere, die den Kontinent umgeben ... beim nächsten tiefen Atemzug spürst du, wie die Liebe aus der Mitte deines Herzen strömt und sich über alle Kontinente ergießt, bis sie die ganze Welt erfüllt ... Jetzt nimm einen tiefen Atemzug und spüre, wie die Liebe sich in der Atmosphäre um die Welt herum ausbreitet ... Fülle das ganze Universum mit deiner Liebe! ... Richte deine Aufmerksamkeit weiter auf dein Herz ... Spüre jetzt, wie du anfängst, kleiner zu werden ... kleiner und kleiner und kleiner, bis du klein genug bist, um in dein Herz hineinzupassen. Nimm deine Frage/dein Problem (*nicht Zutreffendes weglassen*) und lege sie dorthin, wissend, daß die Antwort/Lösung, die du suchst, sich direkt dort befindet, in deinem eigenen Herzen. Spüre, wie schön es sich anfühlt, soviel Liebe in deinem Herzen zu haben, und wisse, daß all die Weisheit, die du jemals brauchen wirst, für dich da ist ... *(Pause)* ... Empfange deine Antwort und nimm sie an, in welcher Form sie auch zu dir kommen mag ... Jetzt gib dir selbst Anerkennung dafür, daß du soviel Liebe fühlen kannst. Danke deinem Herzen und dir selbst aufrichtig dafür, daß sie dir diese Erfahrung geschenkt haben ... Beginne jetzt zu spüren, wie du größer wirst, dich ausdehnst und wächst ... größer und größer, bis du wieder deine normale Größe hast. *(Kehren Sie zum entsprechenden Abschnitt der Meditationsübung zurück oder fahren Sie bei Bedarf mit dem zweiten Teil der Visualisierung fort.)*

Stell dir jetzt eine große Kinoleinwand vor. Setz dich in die Mitte des Zuschauerraumes, direkt vor die Leinwand. Ein Film fängt an. Es ist ein Film über dich, bevor du deine Antwort/Lösung auf deine Frage/dein Problem bekommen hast. Wie siehst du aus? Wie verhältst du dich? Wie fühlst du dich? ... Mußt du irgendwelche Veränderungen vornehmen, jetzt, wo du deine Antwort/Lösung bekommen hast? ... Der Film endet, und ein neuer Film beginnt. Es ist ein Film über dich, wie du die Veränderungen vornimmst, die du beschlossen hast ... Im weiteren Verlauf des Films siehst du dich nach dieser/diesen Veränderung(en) ... Wie siehst du jetzt aus? Wie verhältst du dich? Fühlst du dich anders? ... Jetzt sieh dich vor der Leinwand, wie du einen Preis bekommst! Den Preis bekommst du dafür, daß du mit solcher Leichtigkeit eine so positive Veränderung vorgenommen hast ... Nimm den Preis mit Anmut entgegen ... vom Publikum bekommst du rauschenden Applaus. Klatsche dir selbst begeistert Beifall. Danke dir, dem Film, der Leinwand und den Zuschauern! ... *(Kehren Sie zum entsprechenden Abschnitt der Meditationsübung zurück.)*

Es ist wichtig, daß Ihr Kind sich nicht unzulänglich fühlt, wenn es gelegentlich keine Antwort auf seine Frage oder Lösung für sein Problem bekommt. Dazu müssen Sie es wissen lassen, daß niemand immer sofort eine Antwort auf seine Frage bekommt. Teilen Sie Ihrem Kind mit, daß Sie selbst das auch erlebt haben und daß die Antworten, die wir suchen, manchmal auf ganz anderen Wegen und zu anderen Zeiten zu uns kommen. Sorgen Sie dafür, daß Ihr Kind begreift, daß die Antwort auf jeden Fall in irgendeiner Form kommt, wenn wir bereit sind, sie zu empfangen.

Ziele setzen

Sich Ziele im Leben zu setzen ist sicherlich eine Vorbedingung dafür, sie auch zu erreichen, ganz gleich wie alt Sie sind! Je früher wir das jedoch lernen und begreifen, desto einfacher wird es, unsere Ziele auch dann noch im Auge zu behalten, wenn die Zeiten als Jugendlicher und Erwachsener turbulenter werden. Ebenso gilt, je *klarer* das Ziel, desto leichter ist es möglich, es auch zu manifestieren.

Die kreativen Visualisierungen in diesem Kapitel dienen dazu, Ziele zu klären, zu setzen und sich klar darauf auszurichten.

Um ein Ziel zu klären, kann ein vorheriges Gespräch erforderlich sein, das gilt besonders für kleinere Kinder. Ganz gleich, wie alt Ihr Kind ist, geben Sie ihm die Zeit und Aufmerksamkeit, die es braucht, um sich erst einmal völlig klar darüber zu werden, was es will (sein Ziel), und sich zweitens bewußt zu machen, was passieren wird, wenn es sein Ziel erreicht.

Damit das Kind sein Ziel im Auge behält, ist es oft notwendig, die Visualisierung für einen begrenzten Zeitraum täglich zu wiederholen (wie lange, hängt von der Erreichbarkeit des Ziels ab).

Bei diesen Visualisierungen werden die älteren Kinder (das heißt, von zehn Jahren aufwärts) stärker berücksichtigt, obwohl sie auch mit jüngeren Kindern durchgeführt werden können. Wie ich bereits an früherer Stelle geäußert habe, sollten Sie sich in erster Linie von der Individualität Ihres Kindes leiten lassen.

Jede Visualisierung ist eingebettet in eine Meditation und wird abgeschlossen, indem Sie Ihr Kind aus dieser Meditation »herausführen« (siehe Kapitel über *Zentrierung und Meditation*).

Dein Büro

Richte deine ganze Aufmerksamkeit auf dein Herz und denke dabei an jemanden oder an etwas, den oder das du liebst ... genieße das Gefühl der Wärme im Bereich deines Herzens ... spüre, wie es sich im Körper ausbreitet ... genieße es einfach für eine Weile ... *(Pause)* ... Jetzt siehst du vor dir eine wunderschöne Landschaft ... so wie du sie haben möchtest. ... am Meer, im Wald oder vielleicht sogar auf einem anderen Planeten ... Achte auf die Farben deiner Landschaft ... und jetzt auf die Gerüche ... Achte auf die Temperatur ... ist es heiß oder kalt oder gerade richtig? ... Jetzt achte auf die Geräusche, die du hören magst ... Spüre den Frieden in deiner Landschaft ... spüre den Frieden um dich herum und in dir ... wandere herum und mache dich mit deiner Umgebung vertraut ... Jetzt, wo du dich völlig wohl in deiner Landschaft fühlst, bemerkst du auf einem kleinen Hügel in deiner Nähe ein kleines Gebäude. Geh darauf zu ... Du näherst dich einer Tür in der Vorderseite des Gebäudes ... öffne sie und betritt das Gebäude. Es ist *dein* Gebäude. Drinnen findest du ein Büro ... es gehört dir ganz allein und ist genauso eingerichtet, wie du es haben möchtest. Achte auf die Einzelheiten in deinem Büro ... Nimm dir etwas Zeit, diesen Raum zu erkunden ...

Jetzt setze dich an deinen Tisch oder Schreibtisch in deinem Büro. Dort liegt ein Stift und Papier. Ich möchte, daß du jetzt das Ziel aufschreibst, das du verfolgen willst. Schreibe es bis in alle Einzelheiten auf, nimm dir Zeit und gehe gründlich vor. Sieh, wie die Worte sich beim Schreiben auf dem Papier formen ... *(Pause)* ... Jetzt möchte ich, daß du deinen Berater oder deine ganz persönliche Lehrerin rufst ... Das kann jeder sein, der dir für diese Aufgabe hilfreich erscheint ... Dieser Berater oder diese Lehrerin kommt nun durch eine Tür, die dir direkt gegenüberliegt. Schau zu dieser Tür hin, die sich jetzt öffnet, und schon steht dein Berater vor dir ... *(Pause)* ... Du wirst deinen Berater jetzt gleich fragen, was du tun mußt, um dein

Ziel zu erreichen ... Frage deinen Berater jetzt. ... und dann sei einfach mit deinem Berater zusammen und höre zu, was er oder sie dir zu sagen hat ... *(Pause)* ... Dreh dich jetzt zu einer Wand in deinem Büro, an der eine Leinwand hängt. Schau zu der Leinwand, auf die jetzt ein Film projiziert wird. Der Film zeigt dich, wie du dein Ziel erreichst ... Wie fühlt sich das an? ... Wisse, daß du dein Ziel erreichen kannst und daß alles, was du dafür brauchst, in dir ist ... Danke deinem Berater und deinem Büro dafür, daß sie da sind, und wisse, daß sie immer für dich da sein werden, um dir bei deinen Vorhaben zu helfen. Verlasse dein Gebäude jetzt und schließe die Tür hinter dir ... *(Nehmen Sie hier den Meditationsprozeß an der entsprechenden Stelle wieder auf.)*

Dein Theater

Richte deine ganze Aufmerksamkeit auf dein Herz und denke an etwas, das du liebst ... genieße das Gefühl, das damit einhergeht ... Jetzt sieh vor dir ein großes Theatergebäude. Es liegt an dem schönsten Platz, den man sich nur denken kann, und ist genauso gebaut, wie du es gern haben möchtest ... Jetzt gehe durch den Vordereingang oder den Bühneneingang in das Theater, je nachdem, was dir lieber ist ... Dies ist *dein* Theater. Wandere eine Weile darin herum, erkunde es ... Achte auf bestimmte Farben ... bestimmte Geräusche ... bestimmte Gerüche ... Wie ist die Temperatur? ... Spüre den Frieden und die Ruhe in deinem Theater ... Jetzt geh in den Zuschauerraum und setze dich auf einen der Sitze in der Nähe der Mitte ... Spüre, wie das Material des Sitzes beschaffen ist ... Mache es dir bequem ... Auf dem Sitz neben dir liegt eine Hochglanzbroschüre. Du nimmst sie in die Hand und schaust sie dir an. Die Broschüre beschreibt dein Ziel ... ganz genau und mit ganzseitigen Farbfotos! Es gibt viele Fotos in der Broschüre, und jedes ist eine Beschreibung deines Ziels. Nimm dir Zeit, die Fotos einzeln zu betrachten. Achte auf alle Einzelheiten und freue dich an deiner Broschüre ... *(Pause)* ... Jetzt hörst du ein Geräusch und blickst auf. Ein Regisseur betritt die Bühne von der Seitenkulisse. Es ist dein ganz persönlicher Regisseur, deswegen kann es jeder sein, den du dir wünschst ... Dein Regisseur beginnt zu sprechen ... er erzählt dir etwas über das Proben ... und erklärt dir, was getan werden muß, bevor dein Ziel erreicht werden kann ... Höre deinem Regisseur zu ... *(Pause)* ... Jetzt verläßt dein Regisseur die Bühne, und das Licht wird gedämpft. Nur ein großer Scheinwerferkegel ist auf die Mitte der Bühne gerichtet ... und darin stehst du! ... Dein Stück fängt an. Es handelt vom Erreichen deines Ziels und wird vor deinen Augen aufgeführt ... Schau zu und genieße es ... *(Pause)* ... Dein Stück ist zuende, und der Vorhang fällt. Du dankst dem Regisseur und sämtlichen Schauspielerinnen und Schauspielern. Du dankst deinem Theater und weißt, daß das alles immer für dich da ist, wenn du es brauchst. Jetzt verläßt du dein Theater und weißt, daß du das Ziel erreichen kannst, das du dir selbst gesetzt hast ... *(Nehmen Sie den Meditationsprozeß an der entsprechenden Stelle wieder auf.)*

Sie können die Wirkung dieser Visualisierungen verstärken, indem Sie Ihrem Kind vorschlagen, sich bei jeder Aufgabe oder jedem Schritt, die zu seinem Ziel führt, vorzustellen, wie es sein Ziel erreicht hat und welches *Gefühl* es dabei hatte, als es diese Szene bei seiner Visualisierung gesehen hat.

Freundschaften und Familie

Beziehungen zu Familienmitgliedern, Freunden und Freundinnen können für jedes Kind Herausforderungen mit sich bringen und je nach Situation die unterschiedlichsten Herangehensweisen erfordern. Kreative Visualisierungen können Ihrem Kind in den meisten Fällen dabei helfen, seine Beziehungen zu verbessern, da sie auf vielen Ebenen wirken. Das Visualisieren kann die Beziehung auch dann unterstützen, wenn nur einer der Beteiligten es anwendet. Wenn zwei oder mehr Menschen visualisieren, um ein und dieselbe Situation oder Beziehung zu verbessern, wirkt die Visualisierung unabhängig davon, ob die Beteiligten sie gemeinsam oder getrennt, gleichzeitig oder zu verschiedenen Zeiten durchführen.

Ganz gleich, um welche Beziehung es geht, die Visualisierungen in diesem Kapitel können bei der Konfliktlösung, beim Austausch und als Vorbereitung für ein wirkliches Zuhören benutzt werden (siehe das Kapitel *Sich austauschen*). Sie können auch vor einer Problemlösungssitzung, Diskussion oder anderen Kommunikationsformen zur Bewältigung von Differenzen als Hilfe herangezogen werden.

Jede dieser Visualisierungen ist in eine Meditation eingebettet und wird abgeschlossen, indem Sie Ihr Kind aus dieser Meditation »herausführen« (siehe Kapitel über *Zentrierung und Meditation*). Falls notwendig, können die Visualisierungen in diesem Kapitel aber auch (wie oben vorgeschlagen) für sich und ohne den gesamten Meditationsprozeß angewendet werden.

Wahrnehmung

Es ist hilfreich, wenn Sie vor dieser Visualisierung gemeinsam das folgende Bild betrachten. Erfahren Sie die Bedeutung des Wortes »Wahrnehmung«, indem Sie sich die junge Frau und dann die alte Dame auf ein und demselben Bild anschauen. Sie können sich auch einen Gegenstand aus zwei verschiedenen Blickwinkeln ansehen und dabei auf die Unterschiede in Ihrer Wahrnehmung achten. Oder: Wie viele unterschiedliche Möglich-

keiten gibt es, eine Blume zu betrachten? Sie können die Blütenblätter von unten oder von oben anschauen, in Augenhöhe oder aus der Entfernung, im Dunkeln oder bei Sonnenlicht, feucht und naßgesaugt, mit schmutzigen Blütenblättern oder frisch mit Morgentau und voll winziger Erdkrümel.

Stell dir eine Lichtung in der Natur vor. Sie sieht genauso aus, wie du sie haben möchtest ... Auf dem Boden liegen einige verstreute Blätter, frisch vom Baum gefallen, grün und glänzend. Du nimmst eines hoch. Halte es zwischen deinen Fingern und spüre, wie es sich anfühlt. Fühlt sich die Oberfläche des Blattes anders an als seine Unterseite? Ist sie rauh oder glatt? ... Naß oder trocken? ... Halte das Blatt jetzt an dein Gesicht und rieche daran ... Jetzt untersuche die Blattoberfläche ... Ist die Farbe unterschiedlich ... oder ist das Blatt überall gleich grün? Betrachte es aus verschiedenen Blickwinkeln ... schau, von welcher Seite es am hübschesten aussieht ... Jetzt lege es wieder auf den Boden. Ich möchte, daß du dich einen Augenblick neben dein Blatt setzt und deine ganze Aufmerksamkeit auf dein Herz richtest ... Beginne jetzt zu spüren, wie du immer kleiner wirst ... kleiner und kleiner, bis du in dein eigenes Herz hineinpaßt. Kleiner und kleiner, bis du kleiner bist als dein Blatt. Jetzt möchte ich, daß du auf dein Blatt kletterst und dich hinsetzt ... Wie fühlt sich die Oberfläche jetzt an? ... Wie riecht sie? ... Wie kräftig ist die Farbe? ... Halte dich eine Weile auf deinem Blatt auf und genieße wirklich das Gefühl, dort zu sein ... Du kannst dich auf dem Blatt auch bewegen, wenn du möchtest ... Jetzt gleite oder springe vom Blatt und lande auf dem weichen Boden unter dir. Du krabbelst unter das Blatt, legst dich hin und ziehst es über dich wie eine Decke. Mache es dir ganz bequem ... Spüre, wie das Blatt deine Haut berührt. Spüre die Temperatur des Blattes ... ob warm oder kühl, sie ist genau richtig für dich. Spüre, wie du selbst zu dieser vollkommen angenehmen Temperatur

wirst ... Spüre, wie du allmählich zu dem Blatt wirst ... Jetzt bist du
das Blatt. Wie fühlt es sich an, ein Blatt zu sein? ... Wie fühlt es sich
an, grün zu sein? ... Wie fühlt es sich an, aus dem gleichen Material
zu sein wie ein Blatt? ... Spüre, wie es ist, für eine Weile ein Blatt zu
sein ... Genieße es ... *(Pause)* ... Jetzt spüre, wie du allmählich wieder
du selbst wirst ... Langsam kehrst du zu deiner normalen Größe zurück
... Jetzt danke dem Blatt dafür, daß du es in die Hand nehmen, dich
auf ihm aufhalten und eine Weile das Blatt *sein* durftest ... Jetzt richte
deine Aufmerksamkeit wieder auf dein Herz ... *(Nehmen Sie hier den
Meditationsprozeß an der entsprechenden Stelle wieder auf.)*

Das Herz

Für diese Visualisierung ist es hilfreich, wenn Sie sich gegenübersitzen.

Richte deine ganze Aufmerksamkeit auf dein Herz. Spüre den
Rhythmus deines Herzschlags. Höre genau hin und sieh, ob du tief in dir
einen Frieden, eine tiefe Stille spüren kannst. Spüre den Frieden in deinem
Herzen ... spüre, wie sich dein Herz mit Frieden füllt ... und mit Liebe.
Dein Herz fließt über.
Schick jetzt etwas von der Liebe zu der Person, die dir gegenübersitzt ...
Spüre, wie die Liebe von deinem Herzen zu ihrem Herzen fließt ... Spüre
jetzt, wie ihre Liebe zu dir zurückkehrt ... Schicke jetzt einem Freund/einer
Freundin oder einem Familienmitglied etwas Liebe ... Spüre, wie die Liebe
von deinem Herzen zu seinem/ihrem Herzen fließt ... Spüre jetzt, wie
ihre Liebe zu dir zurückkehrt ... Spüre die Wärme in dir ... Spüre den
Frieden ... Jetzt schicke ── *(nennen Sie hier einen Menschen, mit dem Ihr
Kind Konflikte hat)* etwas Liebe. Spüre, wie die Liebe von deinem Herzen
zu seinem/ihrem Herzen fließt ... Lasse deine Liebe freigebig, leicht und
großzügig zu ihm/ihr fließen ... Schau, ob du in dir Wärme und ein Gefühl

von Frieden spüren kannst ... Spüre jetzt, wie ihre Liebe zu dir zurückfließt ... Jetzt bleibe bei diesem Gefühl von Frieden und Liebe in deinem Herzen ... *(Pause)* ... Bleibe mit deiner Aufmerksamkeit weiter bei deinem Herzen. Lausche wieder deinem Herzschlag ... *(Nehmen Sie den Meditationsprozeß an der entsprechenden Stelle wieder auf.)*

Jemand anderes sein

Richte deine Aufmerksamkeit auf dein Herz und denke einen Augenblick an jemanden oder etwas den/das du liebst. Genieße das schöne Gefühl, das du dabei empfindest. Bleibe eine Weile bei diesem Gefühl ... *(Pause)* ... Spüre, wie die Liebe sich von deinem Herzen ausbreitet und deinen ganzen Körper füllt ... und den Raum um dich herum ... Während du bei diesem Gefühl in deinem Herzen bleibst, möchte ich, daß du dir jetzt vorstellst, jemand anderes zu sein ... jemand, den du magst und bewunderst ... vielleicht ein älteres Kind an deiner Schule? Es kann jeder sein, den du magst. Stelle dir einfach vor, diese Person zu sein ... *(Pause)* ... Jetzt stelle dir vor, daß du —- *(nennen Sie hier den Namen der Person, mit der Ihr Kind Konflikte hat)* durch die Augen des Menschen siehst, der du jetzt bist. Stelle —- vor dich hin, in die Mitte dieses Zimmers. Bleibe bei dem schönen und liebevollen Gefühl in deinem Herzen, während du —- anschaust. Was siehst du? Und was siehst du als der Mensch, der du jetzt bist, Liebe in deinem Herzen spürend? ... *(Pause)* ... Kommt —- dir anders vor? ... Wie würdest du *jetzt* auf —- reagieren? ... Während du an dem Gefühl von Liebe festhältst, möchte ich, daß du wieder du selbst wirst. Schicke jetzt —- etwas von all der Liebe in deinem Herzen. Laß die Liebe frei, leicht und großzügig zu ihm/ihr fließen. ... Schau, ob du dich —- gegenüber jetzt anders fühlst. Bleibe mit deiner Aufmerksamkeit bei deinem Herzen ... Bleibe bei diesem Gefühl von Liebe ... *(Nehmen Sie den Meditationsprozeß an der entsprechenden Stelle wieder auf).*

Es kann hilfreich sein, wenn Sie nach diesen Visualisierungen darüber sprechen, ob ihr Kind etwas anders gesehen hat und sich anders fühlt. Vielleicht müssen Sie die Visualisierung mehrmals machen, aber meiner Erfahrung nach trägt Hartnäckigkeit gute Früchte!

Für die ganz Kleinen kann die Visualisierung *Wolkenbilder* (siehe das Kapitel *Einen Garten anlegen*) als Einführung in das Thema »Wahrnehmung« und »Dinge aus einem anderen Blickwinkel sehen« geeignet sein.

Globales Bewußtsein

Das globale Bewußtsein und das Gefühl des Einsseins mit der gesamten Schöpfung zu fördern, ist heute wichtiger als je zuvor. Die meisten Kinder wissen das sehr genau, und das kreative Visualisieren kann ihnen dabei helfen, die Erfahrung zu machen, Teil eines größeren Ganzen zu sein.

Die Bilder, die in diesen Visualisierungen benutzt werden, eignen sich für sämtliche Altersstufen, auch wenn Sie die Sprache auf das Alter und die Mentalität Ihres Kindes abstimmen können, falls dies notwendig sein sollte.

Jede dieser Visualisierungen ist in eine Meditation eingebettet und wird abgeschlossen, indem Sie Ihr Kind aus dieser Meditation wieder »herausführen« (siehe das Kapitel *Zentrierung und Meditation*).

 ## Der Same

Stell dir einen schönen Ort in der Natur vor ... eine schöne Wiese oder einen Garten an deinem Ort in der Natur ... Setz dich auf deine Wiese oder in deinen Garten ... Spüre das kühle, weiche Gras unter dir ... Rieche den frischen Duft des Grases ... Öffne deine Hand und sieh vor dir, direkt auf deinem Handteller, einen winzigen Samen. Jetzt möchte ich, daß du den Samen in die Erde vor dir gibst. Nimm dir Zeit, ihn zu säen und zu wässern, während die Sonne auf dich scheint ... Richte deine Aufmerksamkeit auf dein Herz und spüre die Liebe in deinem Herzen. Schicke etwas von der Liebe zu dem Samen, den du gesät hast ... Stell dir nun vor, wie Wellen der Liebe von deinem Herzen zu dem Samen in der Erde laufen. Bei jeder Welle, die du dem Samen schickst, stellst du dir vor, wie er in der Erde wächst, bis das Pflänzchen durch die weiche, dunkle Erde stößt. Während du ihm weiter Liebe schickst, siehst du, wie er heranwächst zu einem langen, grünen Stengel mit einer kleinen Knospe oben an der Spitze. Langsam öffnet sich diese Knospe zu einer wunderschönen weißen Blume ... Behutsam berührst du die weichen Blütenblätter. Wie fühlst du dich dabei? Jetzt spüre, wie du anfängst, kleiner zu werden ... kleiner und kleiner und kleiner, bis du klein genug bist, um in die Blüte zu passen ... Krabbele jetzt in die Blüte hinein und mache es dir zwischen den Blütenblättern bequem. Spüre, wie weich sie sich an deiner Haut anfühlen. Rieche den starken, süßen Duft der Blume, der dich ganz einhüllt. Genieße es, in dieser Blume zu sein ... *(Pause)* ... Jetzt spüre, wie du langsam aus der Blüte hervorkommst und zu deiner normalen Größe und deinem normalen Selbst zurückkehrst. Berühre die Blüte sanft und wisse, daß du Teil von ihr und von der gesamten Natur bist ... *(Nehmen Sie den Meditationsprozeß an der entsprechenden Stelle wieder auf).*

 Der Baum

Stell dir einen wunderschönen Ort in der Natur vor ... Sieh eine Lichtung an deinem Ort in der Natur und stelle dich selbst auf diese Lichtung ... Stelle dir jetzt vor, daß du ein Baum bist ...

Sie können jetzt auf die Übung *Ein Baum sein* in dem Kapitel *Hindernisse loslassen* zurückgreifen oder auf die Yoga-Übung *Der Baum* in dem Kapitel *Kreative Bewegung*, wenn Sie das Gefühl haben, das könne Ihrem Kind helfen, diese Visualisierung in seinem Körper zu erleben.

Du bist ein großer Baum mit einem kräftigen Stamm und vielen, vielen beblätterten Ästen. Auch wenn deine Äste in einer leichten Brise schaukeln, sie sind so dicht mit Blättern bewachsen, daß sie ein idealer

Platz für alle Tiere, Vögel und Insekten sind, die einen Unterschlupf brauchen. Nimm das raschelnde Geräusch all der Blätter wahr, die dich umgeben, und das Gefühl, fest mit dem Boden verwachsen zu sein ... Sieh, wie ein paar Vögel auf deinen Ästen landen, Nester bauen und um dich herum ihr Vogellied singen ... Wie fühlt sich das an? ... Jetzt nimm ein, zwei Tiere wahr ... vielleicht ein Schaf, ein Pferd oder einen Hasen, die unter deinen Ästen Schutz suchen und an deinem Stamm ausruhen ... Wie fühlt sich das an? ... Wie fühlt es sich an, dieser Baum zu sein? ... *(Pause)* ... Jetzt komm mit deiner Aufmerksamkeit zu deinem Herzen und spüre all die Liebe, die du dort für die Bäume, die Vögel und all die anderen Tiere hast. Schicke etwas von dieser Liebe zu allen Bäumen und sämtlichen Geschöpfen dieser Welt ... Werde jetzt allmählich wieder du selbst ... Behalte das Gefühl von Liebe in deinem Herzen ... Wisse, daß du Teil der gesamten Natur bist ... *(Fahren Sie mit dem Meditationsprozeß an der entsprechenden Stelle fort.)*

Der Globus

Stell dir einen Lichtstrahl vor, der zu deinem Herzen führt. Spüre, wie sich dein Herz mit Licht und Liebe füllt. Du spürst, wie das Licht deinen ganzen Körper füllt ... und jetzt den Raum um deinen Körper und das Zimmer, das dich umgibt ... Das Licht füllt das Gebäude, in dem du dich befindest, die Stadt und dann das ganze Land ... Spüre, wie das Licht, das durch dein Herz strömt, die ganze Welt füllt und den ganzen Globus mit Licht und Liebe umgibt ... Spüre jetzt, wie du so voll mit Licht und Liebe bist, daß du anfängst, dich auszudehnen. Spüre, wie du größer und größer wirst ... und die Welt im Vergleich zu dir kleiner und kleiner ... Schon bald bist du so groß, daß du feststellst, du bist größer als ein ganzes Land ... jedes Land, an das du gern denken möchtest ... Jetzt stellst du fest, daß du direkt über diesem Land schwebst, das ganze Land bedeckst

... Das Licht strömt immer noch durch dein Herz ... Ich möchte jetzt, daß du etwas von all der Liebe, die du in deinem Herzen hast, weitergibst ... Ich möchte, daß du sie allen Menschen und Geschöpfen in diesem Land schickst ... Schicke die Liebe und das Licht überall im Land herum, so daß jeder spürt, wie er in strahlendem, liebenden Sonnenlicht badet. Sieh, wie alle Menschen und Geschöpfe in deinem Land ihre Gesichter dem liebenden Sonnenlicht zuwenden ... Sieh, wie sie alle den Frieden und die Liebe spüren, die du ihnen schickst ... *(Pause)* ... Jetzt kehre allmählich zu deiner normalen Größe zurück ... Spüre immer noch die Liebe und den Frieden in deinem Herzen ... Wisse, daß du die ganze Welt mit der Liebe in deinem Herzen füllen kannst ... *(Fahren Sie mit dem Meditationsprozeß an der entsprechenden Stelle fort.)*

Die Sterne

Sieh vor dir den Mond in einem tiefblauen Nachthimmel ... Stell dir nun vor, wie ein Mondstrahl nach unten auf den Boden vor dir scheint ... Jetzt möchte ich, daß du dich in den Mondstrahl begibst ... Während du dort stehst, umgeben von Mondlicht, spürst du, wie die Kraft des Mondes dich nach oben zieht ... Du beginnst, aufzusteigen ... höher und höher ... Schon bald schwebst du durch den Mondstrahl höher und höher ... hoch in den Nachthimmel ... Jetzt fliegst du ... du läßt den Mondstrahl hinter dir und fliegst durch den Nachthimmel ... Überall um dich herum sind Sterne, sie funkeln wie lauter Diamanten ... Spüre, wie du deine Arme öffnest und die Sterne teilst, während du durch die Luft schwebst ... *(Pause)* ... Spüre, wie ein Licht in deinem Herzen scheint ... leuchtend wie die Sterne, die dich umgeben ... Spüre die ganze Liebe in deinem Herzen und schicke etwas von dieser Liebe den Sternen und dem Universum, während du mühelos weiter durch den Raum gleitest ... Spüre, daß du eins bist mit den Sternen und dem Himmel um dich herum ... *(Pause)* ... Jetzt siehst

116

du in der Ferne deinen Mondstrahl ... Du näherst dich ihm und begibst dich in das wunderschöne Mondlicht hinein ... Allmählich kehrst du in dem Mondstrahl zur Erde zurück ... Spüre die strahlende Liebe in deinem Herzen und *wisse,* daß du Teil des Universums bist ... *(Nehmen Sie den Meditationsprozeß an der entsprechenden Stelle wieder auf.)*

Visualisierungen für kreative Aktivitäten

Wenn wir eine Visualisierung auf konkrete Vorhaben ausrichten, kann das unsere Aktivitäten und das, was wir damit erreichen, nachhaltig fördern. Je zentraler ein Vorhaben für uns ist, desto stärker kann es durch Visualisieren unterstützt werden. In den zwanzig Jahren, in denen ich das Visualisieren bei meiner Arbeit mit Kindern anwende, habe ich immer das Motto vertreten: *Wenn du dich sehen kannst, wie du etwas tust, dann kannst du es auch tun!* Und dieses Motto hat sich für mich bis heute als richtig erwiesen. Wenn es darum geht, eine bestimmte Aktivität zu verfolgen oder zu handeln, hat die Imagination tatsächlich eine große Macht. Meine Erfahrung ist, daß die Art und Weise, wie wir uns *vorstellen*, etwas zu erreichen, ausschlaggebend dafür ist, ob – und auf welchem Weg – wir es erreichen oder nicht! Lassen Sie mich dies an einem kurzen Beispiel verdeutlichen. Wenn Sie eine Holzplanke auf den Boden Ihres Wohnzimmers legen und jemanden bitten, darauf zu balancieren, kann er das wahrscheinlich wunderbar. Wenn Sie die Planke jedoch zwischen zwei große Bäume legen, mehrere Meter über asphaltiertem Boden, wird jeder, den Sie bitten, über das Brett zu balancieren, es sich wahrscheinlich sehr gut überlegen – selbst wenn er keinerlei Schwierigkeiten hatte, über die Planke auf Ihrem Teppich zu laufen! Der Grund dafür ist, daß die Angesprochenen anfangen, sich *vorzustellen*, was passieren könnte, wenn sie herunterfallen. Wenn sie versuchen, auf dem Brett zwischen den Bäumen entlangzuspazieren, kommen sie wahrscheinlich sehr viel schneller aus dem Gleichgewicht – was auch auf ihre Vorstellungen zurückzuführen ist.

Wenn wir unseren Kinder zeigen, wie sie ihre Vorstellungskraft und ihre Fähigkeit zu visualisieren benutzen können, um sich ins Zeug zu legen und etwas zu erreichen, statt sie in ihrer Angst zu bestärken, kann das ihre Lebensqualität enorm verbessern!

Die zielgerichtete und kreative Visualisierung, mit der wir bestimmte Vorhaben erreichen möchten, kann – je nach der Erfahrung, zu der Sie motivieren möchten – verschiedene Formen annehmen:

1. Die Erfahrung, die *Essenz* der geplanten Aktivität zu sein.
2. Die Erfahrung, das *Instrument* dieser Aktivität zu sein
3. Die Erfahrung, die Aktivität zu *sein*.
4. Die Erfahrung, die Aktivität zu *kreieren*.

All diese Formen des Visualisierens fördern die Freude an der Aktivität, die Qualität des Verstehens, die Durchführung und die Chance, das Vorgenommene zu erreichen. Ich habe für jede angestrebte Erfahrung eine Visualisierung ausgesucht. Wenn Sie diese als Richtlinie benutzen, können Sie Ihre eigenen Visualisierungen entwickeln, die auf die Aktivitäten zugeschnitten sind, für die Sie und Ihr Kind sich entschieden haben. Und Sie können Ihrem Kind im Rahmen dieser Aktivität die Erfahrung vermitteln, die ihm Ihrer Meinung am besten entspricht.

Jede dieser Visualisierungen ist in eine Meditation eingebettet und wird abgeschlossen, indem Sie Ihr Kind aus dieser Meditation »herausführen« (siehe das Kapitel über *Zentrierung und Meditation*).

Visualisierungen wie diese können Sie auch unabhängig von Ihren Sitzungen entwickeln und anwenden, zum Beispiel vor einem Fußballspiel, einer Ballettstunde oder dem Musikunterricht.

Erde

Erfahren, wie es ist, die *Essenz* der Aktivität zu sein
Geplante Aktivität: Pflanzen oder eine Pflanze umtopfen

Stell dir eine Pflanze vor (*dies kann die Pflanze sein, die Sie umtopfen oder die Sie in den Garten pflanzen möchten*). Schau, wie grün die Blätter sind. Spüre, wie die Blätter sich anfühlen, und rieche ihren Duft ... Richte jetzt deine Aufmerksamkeit für eine Weile auf dein Herz ... Denke an etwas, das du liebst, und dann denke an deine Pflanze ... wie schön sie ist. Genieße das angenehme Gefühl, das diese Gedanken dir geben ... Jetzt beginne zu spüren, wie du kleiner wirst ... kleiner und kleiner, bis du auf einem der Blätter deiner Pflanze sitzen kannst. Wie fühlt das Blatt sich jetzt an? ... Beginne auf dem Blatt nach unten zu gleiten ... Jetzt halte dich am Stengel fest und gleite langsam am Stengel nach unten, kleiner und kleiner werdend, bis du auf der Erde landest und gerade so groß bist wie ein Krümel Erde ... Jetzt bist du Teil der Erde. Spüre, wie du dich in die Erde hineinbegibst ... du bist eins mit der Erde. Spüre die Temperatur ... die Beschaffenheit der Erde ... den Geruch. Spüre den Boden, die Steine, den Lehm, spüre jeden Krümel Erde als Teil von dir ... (*Pause*) ... Jetzt gräbt ein Spaten behutsam um den Ballen der Pflanze herum. Spüre, wie der Boden um dich herum in Bewegung gerät ... Die Wurzeln der Pflanze unter dir lockern sich ... Du wirst zusammen mit der Pflanze und all der Erde auf dem Spaten hochgehoben und in neue Erde gesetzt. Spüre, wie du dich mit dem neuen Boden vermischst ... du wirst vorsichtig hin- und hergerückt ... und dann gegossen. Du wirst feucht und kühl ... Du läßt dich jetzt nieder ... genieße es ... Jetzt komme allmählich aus der Erde heraus, klettere am Stengel hoch und auf das Blatt ... und kehre zu deinem normalen Selbst und deiner normalen Größe zurück ... Spüre in deinem Herzen Liebe für die Pflanze und für die Erde, wissend, daß du mit beiden eins bist ... Danke ihnen dafür, daß sie für dich da sind ... *(Nehmen Sie den Meditationsprozeß an der entsprechenden Stelle wieder auf.)*

Luft

Erfahren, wie es ist, das *Instrument* der Aktivität zu sein.
Geplante Aktivität: Einen Drachen fliegen lassen

Stell dir einen weiten, offenen Raum in der Natur vor. Neben dir auf dem Boden liegt dein eigener Drachen. Achte darauf, aus welchem Material der Drachen gemacht ist ... die Farben, die Muster ... Jetzt richte deine Aufmerksamkeit für einen Augenblick auf dein Herz ... Denke an etwas oder jemanden, den du liebst ... und dann denke an deinen eigenen, ganz besonderen Drachen ... Genieße das schöne Gefühl, das diese Gedanken dir geben ... *(Pause)* ... Jetzt fange an zu spüren, wie du kleiner wirst ... kleiner und kleiner, bis du so klein bist wie eine Stecknadel, und du stehst direkt neben der Kante deines Drachens ... strecke deine Hand aus und berühre deinen Drachen ... wie fühlt sich das Material an, aus dem er gemacht ist? ... Wie sieht das Muster des Drachens von hier aus? ... Welche Farben siehst du? ... Klettere auf deinen Drachen und spüre, wie du Teil von ihm wirst ... Spüre, wie du eins bist mit dem Material ... mit den Farben ... Jetzt spüre, wie der Drachen langsam vom Boden abhebt ... allmählich steigt er auf ... höher und höher und höher, bis du durch die Luft schwebst ... Spüre, wie du auf dem Wind reitest, während er dich weiterträgt ... Jetzt bist du eins mit der Luft, die dich umgibt ... *(Pause)* ... Du fliegst über die Landschaft, über Hügel und Täler, Flüsse und Wälder, Berge und Seen ... Jetzt kommst du allmählich nach unten ... und dann läßt du deine Drachenschnur los und schwebst noch einmal nach oben ... Du spürst, wie der Wind sanfter wird, und langsam beginnst du, zu Boden zu schweben. Spüre die sanfte Brise, die dich umgibt ... Du reitest immer noch auf der Luft, während du nach unten schwebst und weich landest ... Allmählich kommst du aus dem Drachen hervor, steigst von ihm herunter und kehrst zu deinem normalen Selbst und deiner normalen Größe zurück ... *(Pause)* ... Komme mit deiner Aufmerksamkeit zum Herzen und spüre die Liebe, die du dort für den Wind, die Luft und dieses aufregende Abenteuer empfindest, das du gerade erlebt hast ... und für deinen Drachen, der es mit dir geteilt hat ... Danke ihnen allen ... *(Fahren Sie mit dem Meditationsprozeß an der entsprechenden Stelle fort.)*

Wasser

Erfahren, wie es ist, die Aktivität zu *sein*
Geplante Aktivität: Schwimmen

Stell dir ein Schwimmbecken/einen See/das Meer vor *(wählen Sie, was passend für Sie ist.)* Das Wasser ist von einem klaren Blau, und die Sonne scheint am Himmel. Tauche deine Hände in das Wasser und spüre, wie weich es ist ... Jetzt richte deine Aufmerksamkeit für eine Weile auf dein Herz ... Denke an jemanden, den du liebst ... und denke an das blaue, einladende Wasser ... Genieße das warme Gefühl, das diese Gedanken dir geben ... Jetzt gehe langsam ins Wasser ... spüre das Wasser auf deiner Haut, wie es sanft gegen deinen Körper schwappt ... Achte auf die Wassertemperatur ... Spüre, wie du im Wasser schwebst, bis du das Gefühl hast, eins mit dem Wasser zu sein ... Spüre, wie du dich jetzt durch das Wasser bewegst ... anmutig und mühelos gleitest du durch das Wasser ... Spüre, wie du dich mit jedem Stoß, den du machst, leichter bewegst ... Der Rhythmus deiner Bewegungen vermischt sich mit den Bewegungen des Wassers, bis ein einziger Rhythmus daraus wird ... Genieße es, in totaler Harmonie mit dem Wasser zu sein ... *(Pause)* ... Fließe mit dem

Wasser ... spiele mit dem Wasser ... genieße das Wasser. Jetzt begib dich langsam an den Rand des Wassers ... Komm jetzt aus dem Wasser heraus ... Richte deine Aufmerksamkeit auf dein Herz und spüre die Liebe, die du dort für das Wasser hast ... Danke dem Wasser dafür, daß es so großzügig für dich da ist ... *(Nehmen Sie den Meditationsprozeß an der entsprechenden Stelle wieder auf).*

Bild

Erfahren, wie es ist, die Aktivität zu *kreieren*
Geplante Aktivität: Zeichnen oder malen

Stell dir ein großes weißes Blatt Papier vor. Daneben stehen eine Schachtel Buntstifte und ein Tuschkasten. In der Schachtel sind sämtliche Farben, die du dir nur wünschen kannst ... Richte deine Aufmerksamkeit für einen Augenblick auf dein Herz ... Denke an etwas, das du liebst ... und denke an das glatte Papier vor dir und alle die leuchtend bunten Stifte und Tuschfarben ... Genieße das Gefühl, das diese Gedanken dir geben ... Jetzt nimmst du deine Lieblingsfarbe und beginnst zu zeichnen oder zu malen ... was du möchtest ... Der Stift (oder Pinsel) in deiner Hand bewegt sich frei über das Papier ... das schönste und vollkommenste Bild entsteht ... Achte auf das Geräusch des Stiftes oder Pinsels auf dem Papier ... Spüre die Beschaffenheit des Papiers und sieh die Beschaffenheit der Farben ... Rieche den Duft der Farbe oder der Stifte, während sie sich über das Papier bewegen ... Sieh dich selbst genau die Linien und Formen gestalten, die du haben möchtest ... Sieh dich selbst genau die Bilder schaffen, die du schaffen möchtest ... sieh dich selbst genau die richtigen Farben benutzen, während dein Bild Form annimmt ... Genieße das Gefühl, dein vollkommenes Bild zu schaffen ... *(Pause)* ... Dein Bild ist fertig ... Tritt zurück und betrachte es ... Spüre die Liebe in deinem Herzen ... Gib dir selbst etwas von all der Liebe in deinem Herzen ... und deinem Bild ... Danke dem Papier, den Stiften und Farben dafür, daß du sie benutzen durftest ... *(Fahren Sie mit dem Meditationsprozeß an der entsprechenden Stelle fort.)*

Teil IV

Aktivitäten

Kreative Aktivitäten

Eine kreative Aktivität, die einer kreativen Visualisierung folgt, gibt der Energie, die während der Meditation gesammelt wurde, eine Richtung und unterstützt Ihr Kind (und Sie!) darin, sich zu erden. Sie hilft Ihnen auch, einen Ausgleich zwischen inneren und äußeren Welten herzustellen und Handeln mit Zentriertheit und innerer Weisheit zu verbinden.

Sie können diesen Zusammenhang bewußt und gezielt herstellen, indem Sie die Visualisierung mit der Aktivität verbinden, oder es dem Unterbewußtsein überlassen, die Brücke zu bauen, so daß Ihr Kind die Verbindung in seiner Zeit und auf seine Weise herstellt. Beide Methoden sind gleich wertvoll und können je nach den Bedürfnissen Ihres Kindes und Ihrer Familie abwechselnd angewendet werden. Wenn Sie nicht genau wissen, welche Sie benutzen sollen, folgen Sie einfach Ihrer Intuition!

Entscheiden Sie sich auf jeden Fall vorher für eine Aktivität und treffen Sie die notwendigen Vorbereitungen, damit Sie den Prozeß nicht unterbrechen müssen. Im folgenden schlage ich einige Aktivitäten und kreative Umsetzungsmöglichkeiten vor, die an eine kreative Visualisierung anschließen können.

Gärtnern: Sie können diese Aktivität im kleinen oder größeren Rahmen verfolgen, vom Eintopfen von Zimmerpflanzen und Kressesäen bis zum Anlegen eines ganzen Gemüsegartens.

Wenn das Wetter es zuläßt, können Sie die ganze Sitzung draußen stattfinden lassen. Meine Erfahrung ist, daß Kinder sehr gern draußen meditieren und kreativ visualisieren.

Schwimmen: Am besten ist, Sie schwimmen in einem Fluß oder im Meer, aber wenn das nicht möglich ist, sollten Sie Ihr Schwimmbad am Ort zu einer möglichst ruhigen Zeit aufsuchen. Hat Ihr Kind Angst vor dem Wasser, können Sie es mit Hilfe dieser Aktivität mit dem Wasser vertraut machen. Es ist jedoch nicht ratsam, sie als Schwimmunterricht zu benutzen. Ihr Kind sollte die Grundzüge des Schwimmens beherrschen und auf dem Wasser treiben können, wenn es vom Schwimmen nach der Visualisierung wirklich etwas haben soll. Wenn Sie im Meer oder einem See schwimmen, können Sie die ganze Sitzung unter freiem Himmel machen. Wenn Sie in ein Schwimmbad fahren, sollten Sie Ihr Kind ermutigen, entsprechende Empfindungen aus der Visualisierung aufzufrischen, bevor es ins Wasser geht. Das hilft ihm, den Zeitabstand zu überbrücken, der durch die Fahrt entsteht.

Zeichnen/Malen: Auch dieser Aktivität können Sie draußen nachgehen, wenn das Wetter es zuläßt. Vielleicht möchte Ihr Kind zeichnen oder malen, was es in seiner Meditation gesehen hat. Letzten Endes ist es jedoch ratsam, zu zeichnen oder zu malen, was es vor sich hat (vor allem, wenn Sie draußen sind), und hinzuzufügen, was es in seiner Meditation oder Visualisierung gesehen hat. Dann gehen auf dem fertigen Bild Realität und Phantasie ineinander über, und das Malen wird zur wichtigen Übung, um einen Ausgleich zwischen beiden herzustellen.

Batiken oder Knüpf-Batiken: Es ist ratsam, daß Sie diese Aktivität selbst ausprobieren, bevor Sie sie mit Kindern zusammen verfolgen. Achten Sie darauf, daß Ihr Kind ungehindert seine eigenen Muster entwerfen kann. Sie können es bei seiner Erfahrung unterstützen, indem Sie sein Bewußtsein auf die Farben, die Beschaffenheit des Materials, das Gefühl von Wasser auf der Haut, den Geruch der Färbeflüssigkeit und all die verschiedenen Geräusche lenken, die mit dieser Tätigkeit einhergehen.

Ton formen oder kneten: Da dies mit ziemlich viel Dreck verbunden sein kann, sollten Sie dafür sorgen, daß Sie hinterher genug Zeit haben, sauberzumachen, und während des Prozesses nicht zur Eile drängen müssen. Ermutigen Sie Ihr Kind, etwas zu schaffen, was es in seiner Meditation und Visualisierung gesehen hat. Wie beim Zeichnen kann es auch hier Bilder seiner physischen Realität mit dem kombinieren, was es in seiner Meditation und Visualisierung gesehen hat. Damit hat es ein weiteres Werkzeug in der Hand, einen Ausgleich zu erfahren.

Musik: Wenn Sie und Ihr Kind ein Musikinstrument spielen, können Sie zusammen oder abwechselnd damit improvisieren und gemeinsam eine Melodie komponieren. Wenn Ihr Kind ein Gedicht geschrieben hat, möchten Sie dieses vielleicht vertonen. Sie können auch Lieder rhythmisch begleiten, indem Sie Küchengegenstände wie eine Flasche und einen Löffel benutzen (schlagen Sie mit dem Löffel im Rhythmus des Liedes auf die Flasche – aber nicht zu fest!), einen Holzlöffel und eine Reibe (kratzen Sie im Rhythmus darauf hoch und runter) oder zwei Löffel und ein altes Waschbrett (kratzen Sie darauf hoch und runter und benutzen Sie es wie eine Trommel). Sie können alte Fahrradklingeln nehmen, Büchsen mit getrockneten Erbsen füllen und sie als Rassel benutzen oder zwei Hölzer gegeneinanderschlagen. Am meisten Spaß macht es jedoch, mit Löffeln auf Töpfe und Pfannen zu schlagen! Wofür Sie sich auch entscheiden, gemeinsam zu musizieren kann ein familiäres Gefühl der Zusammengehörigkeit fördern und Sie darin unterstützen, gemeinsam kreativ zu sein.

Tanzen: Vielleicht haben Sie zu Beginn Ihrer Sitzung getanzt oder sich kreativ bewegt und möchten damit als kreative Aktivität fortfahren. Wenn ja, empfiehlt es sich, Musik zu benutzen, die Sie beide »bewegt«. Wählen Sie eine möglichst vielfältige Musik wie eine Ouvertüre, da Sie diese zum Ausdruck sämtlicher Aspekte der Musik anregt. Improvisieren und tanzen

Sie frei nach der Musik oder entwickeln Sie gemeinsam Ihre eigenen Tänze.

Kinetische Übungen: Vielleicht möchten Sie gelegentlich als kreative Aktivität Ihren bildlichen Körper bewegen (siehe das Kapitel über *Kinetische Übungen*). Wenn ja, empfehle ich Ihnen, das mit Musik zu tun, vorzugsweise einer Musik, an der Sie und Ihr Kind beide Freude haben. Sie können sich in die Übungen und Prozesse aus dem Kapitel über kinetische Übungen vertiefen und schließlich Ihre eigenen Abläufe entwickeln.

Schattentanzen: Suchen Sie wieder eine Musik aus, die Sie beide anregt, sich zu bewegen. Stellen Sie sich voreinander hin (wenn Sie mehr als zwei sind, stehen Sie in Paaren). Entscheiden Sie, wer vortanzt. Während diese Person sich bewegt, muß der andere auf die Bewegungen eingehen oder sie nachmachen, entweder als Schatten oder als Partner. Nach einer Weile wechseln Sie die Rollen. Beobachten und genießen Sie die vielen verschiedenen Variationen und Beziehungen, die sich dabei ergeben. Lassen Sie dieser Aktivität Zeit, sich zu entfalten.

Schreiben: Diese Aktivität eignet sich wahrscheinlich eher für etwas ältere Kinder. Lassen Sie Ihr Kind kurze Berichte, Gedichte oder Aufsätze über die Erfahrungen beim Meditieren und Visualisieren schreiben, und schreiben Sie auch selbst etwas auf. Sie können auch eine kurze Geschichte schreiben, die sich in der Visualisierung entwickelt oder aus ihr hervorgeht. Wenn Sie möchten, können Sie sich das Geschriebene gegenseitig zeigen (ohne es zu beurteilen).

Ein Album anlegen: Vielleicht möchten Sie ein Album anlegen, in dem Sie all Ihre Meditations- und Visualisierungsprozesse festhalten. Sie können in dieses Album zeichnen, schreiben, Fotos kleben, oder Ihre Lieblingsbilder, die Sie aus Zeitschriften ausschneiden, und alles tun, was Sie Ihrer Meinung nach bei Ihren Visualisierungen, Zielen und Vorhaben unterstützt.

Zu zweit ein Bild malen: Breiten Sie ein großes Blatt Papier auf dem Boden aus und setzen Sie sich jeweils an ein Ende. Beginnen Sie beide gleichzeitig zu zeichnen und improvisieren Sie dabei. Besprechen Sie beim Zeichnen die Erfahrungen, die Sie an diesem Tag bei Ihrer Mediation und Visualisierung gemacht haben. Sie können auch im Hintergrund Musik spielen lassen, um die Atmosphäre so zwanglos und entspannt wie möglich zu gestalten. Beobachten Sie, an welchem Punkt die Zeichnungen ineinanderfließen und wie Sie vorgehen, um Ihre beiden Bilder zu vereinigen. Wie werden sie schließlich zu einem einzigen Bild?

Sich austauschen

Wenn Sie die Meditation und die kreative Visualisierung – und Ihre kreative Aktivität – abgeschlossen haben, kann ein Austausch über Ihre Erfahrungen bei diesen Prozessen sehr wertvoll sein. Auch wenn die meisten Kinder (und Erwachsenen!) Freude an solch einem Austausch haben, ist es wichtig, daß er freiwillig geschieht. Wenn Ihr Kind einmal nicht mitteilen möchte, was es erlebt hat, sollten Sie es nicht drängen. Versuchen Sie auch daran zu denken, in keiner Weise zu beurteilen, was es Ihnen erzählt.

Der Austausch kann auf verschiedene Weise stattfinden. Meiner Erfahrung nach ist eine bestimmte Struktur oder Methode notwendig, damit jeder der Beteiligten etwas davon hat. Ein festgelegter Ablauf kann auch der gesamten Gruppe oder Familie zugute kommen, da sich dadurch die Kommunikation im allgemeinen verbessert.

Im folgenden führe ich einige Methoden des Austauschs auf, die nicht nur Freude bereiten, sondern auch nützlich sind. Für welche Sie sich auch entscheiden, sorgen Sie in jedem Fall dafür, daß Sie genug Zeit haben, den Prozeß abzuschließen.

1. Herz-zu-Herz: Dieser Prozeß eignet sich für zwei Personen und ist besonders wohltuend, wenn Sie vorher eine Meditation gemacht haben, in der Sie sich ganz auf Ihr Herz und das Gefühl von Liebe konzentriert haben (siehe das Kapitel *Zentrierung und Meditation*). Wenn Sie sich von Herz zu Herz austauschen, spricht eine Person und teilt eine Erfahrung so detailliert wie möglich mit. Die andere Person hört zu, während sie kontinuierlich Liebe in ihrem Herzen spürt und diese Liebe von ihrem

Herzen zum Herzen der sprechenden Person schickt. Wenn das Mitteilen beendet ist, wiederholt der Zuhörer – mit seinen eigenen Worten – alles, was mitgeteilt wurde. Anschließend werden die Rollen gewechselt und der gesamte Prozeß wiederholt. Versuchen Sie, während des ganzen Ablaufs bei dem Gefühl von Liebe zu bleiben und Sie der anderen Person kontinuierlich zu schicken.

2. *Kristall:* Diese Methode eignet sich, wenn jemand nicht genau weiß, ob er sich mitteilen möchte, oder wenn jemand sich aus irgendeinem Grund mehr als einmal äußern will. Sie kann auch benutzt werden, um besser zuhören zu lernen. Weisen Sie alle an, sich im Kreis zusammenzusetzen; wenn Sie nur zu zweit sind, sitzen Sie sich gegenüber. Legen Sie einen Kristall in die Mitte des Kreises – ich nehme gerne einen Rosenquarz, weil er für Liebe steht, aber jeder andere Kristall tut es auch. Wer sich mitteilen möchte, nimmt den Kristall in die Hand und hält ihn so lange, wie er spricht. Wenn der Sprecher fertig ist, legt er den Kristall in die Mitte des Kreises, wo der nächste ihn sich nehmen und sprechen kann. Nur die Person, die den Kristall hält, darf sprechen, und die, die nicht sprechen, geben ihr ihre volle Aufmerksamkeit.

3. *Redekreis:* Diese Methode eignet sich am besten für eine Gruppe von drei oder mehr Personen. Alle sitzen im Kreis, und einer teilt für eine begrenzte Zeit seine Erfahrungen mit. Dann teilt die Person neben ihm sich mit – und immer so weiter, bis jeder im Kreis über seine Erlebnisse gesprochen hat. Jeder sollte so viel oder so wenig mitteilen, wie er möchte, und ungehindert und ohne jede Unterbrechung sprechen dürfen. Es ist wichtig, daß jeder dem anderen aufmerksam zuhört, bis er an der Reihe ist, sich mitzuteilen.

Achtung: Für alle drei Prozesse (oder jede andere Form des Zuhörens und Mitteilens) gilt:

1. *Nicht unterbrechen.*
2. *Nicht beurteilen.*
3. *Mit Liebe und Mitgefühl zuhören.*

Sich verströmen

Sich verströmen ist wichtig, um sich dafür zu sensibilisieren, daß wir Teil eines größeren Ganzen sind – eine wichtige und wertvolle Möglichkeit, Ihre Sitzung im kreativen Visualisieren abzuschließen!

Es folgen einige einfache Methoden für diesen Prozeß, die für alle Altersgruppen geeignet sind.

Liebesnetz

Für eine Gruppe von drei oder mehr Personen. Setzen Sie sich im Kreis zusammen und nehmen Sie gemeinsam ein paar tiefe Atemzüge. »Leiten« Sie das Atmen an.

Spüre den Rhythmus des Atems. Ein (atme ein) und aus (atme aus). Ein (atme ein) und aus (atme aus). Spüre, wie dein Atem mit dem Atem der anderen im Raum rhythmisch zusammenschwingt ... Jetzt lausche deinem Herzschlag. Stelle dir vor oder spüre, daß dein Herzschlag mit dem der anderen im Raum rhythmisch zusammenschwingt ... Spüre, wie alle Herzen im Rhythmus schlagen ... gemeinsam schlagen ... Jetzt bleibe mit deiner Aufmerksamkeit beim Herzen und denke an etwas oder an jemanden, für das/den du Liebe empfindest ... Fühle die Liebe in deinem Herzen ... Stelle dir jetzt vor, daß von deinem Herzen ein schöner warmer, rosafarbener Lichtstrahl in das Herz der Person zu deiner Rechten scheint ... Jetzt stelle dir einen weiteren schönen rosafarbenen Lichtstrahl vor, der von deinem Herzen in das Herz der Person dir gegenüber scheint ... *(Fahren Sie so fort, bis alle im Kreis sich gegenseitig Licht von ihrem Herzen* *geschickt haben.)* ... Jetzt schicke etwas von der ganzen Liebe in deinem Herzen mit Hilfe der wunderschönen rosa Lichtstrahlen zu den Herzen aller im Kreis ... Spüre, wie die Liebe fließt ... aus deinem Herzen und in dein Herz hinein ... Komm jetzt mit deiner Aufmerksamkeit zurück zu deiner Atmung ... Spüre, wie der langsame, entspannte Rhythmus deines Atems mit dem aller anderen im Kreis verschmilzt ... Werde dir des Raumes um dich herum bewußt, und wenn du bereit bist, öffne deine Augen!

Universelle Liebe

Diese Übung kann sowohl mit einem als auch mit mehreren Teilnehmern gemacht werden. Setzen Sie sich bequem hin und schließen Sie Ihre Augen.

Nimm jetzt ein paar tiefe Atemzüge, bis du dich entspannt und wohl fühlst ... Jetzt nimm einen tiefen Atemzug und spüre die Energie des Universums durch die Krone deines Kopfes. Spüre, wie sie hinunterfließt in dein Herz und dein Herz mit Liebe erfüllt ... Jetzt lasse diese Liebe durch dein Herz in das Universum fließen. Atme wieder ein, atme universelle Liebe und Energie durch die Krone deines Kopfes ein und durch dein Herz aus. Und noch einmal ... atme universelle Liebe, Energie und Weisheit ... ein durch die Krone deines Kopfes und aus durch dein Herz ... Spüre, wie dein Körper sich mit universeller Liebe füllt ... Spüre, wie der Raum um deinen Körper sich mit universeller Liebe füllt ... Während du weiter ein- und ausatmest, spürst du, wie sich der ganze Raum, in dem du dich befindest, mit universeller Liebe, Energie und Weisheit füllt ... Spüre, wie das ganze Gebäude sich mit universeller Liebe füllt ... Atme ein und aus und spüre, wie das Gebiet um dein Haus herum sich mit universeller Liebe, Energie und Weisheit füllt ... Fühle, wie die ganze Stadt voll davon wird ... und dann das ganze Land ... voll universeller

Liebe, Energie und Weisheit. Atme durch die Krone deines Kopfes ein und durch dein Herz aus und spüre, wie sich der gesamte Kontinent mit universeller Liebe füllt ... Spüre, wie sie sich in der ganzen Welt ausbreitet ... Jetzt nimm wahr, wie die universelle Liebe das ganze Universum füllt ... spüre das Einssein, die Liebe, die Weisheit und die Energie ... und schicke sämtlichen Menschen in diesem Raum Liebe und heilende Energie ... sämtlichen Menschen in diesem Land und sämtlichen Menschen in der ganzen Welt ... überall dorthin, wo du das Gefühl hast, daß diese Energie gebraucht wird ... Alles ist miteinander verbunden ... Jetzt komm mit deiner Aufmerksamkeit zurück zu deinem Atem ... Spüre, wie der langsame, entspannte Rhythmus deines Atems mit dem Rhythmus aller anderen im Raum zusammenfließt ... Werde dir des Raums um dich herum bewußt, und wenn du bereit bist, öffne deine Augen.

Wie geht es weiter?

Wenn Sie sämtliche Übungen in diesem Buch ausprobiert und herausgefunden haben, welche für Sie und Ihr Kind oder Ihre Kinder am besten geeignet sind, möchten Sie vielleicht die Methode des kreativen Visualisierens noch weiter erforschen. Vielleicht ist Ihnen bereits klar geworden – entweder durch Ihre eigenen Erfahrungen oder durch die Ihres Kindes –, welche ungeahnten Möglichkeiten sich Ihnen erschließen, wenn Sie das kreative Visualisieren in Ihrem Leben aktiv einsetzen.

Ich persönlich habe es mit wachsendem Staunen und zunehmender Freude erforscht – und erforsche es immer noch – und entdecke ständig neue Tiefen und Dimensionen seiner Wirkungskraft. Noch wunderbarer ist, welche neue Ebenen unser Visualisieren und Denken erreichen können, wenn sie ihre Kraft aus dem Herzen schöpfen. Mit der aktiven Beteiligung des Herzens verstärken sich die Prozesse, so daß das Bild oder die Visualisationserfahrung in bezug auf ihre Manifestation zusätzliche Macht bekommt.

Wenn Sie also auch weiterforschen möchten – was ich Ihnen nachdrücklich empfehle –, gibt es viele wunderbare Bücher, die für Erwachsene über das kreative Visualisieren geschrieben wurden. Einige meiner Lieblingsbücher habe ich in der Liste empfohlener Literatur am Ende dieses Buches aufgeführt. Was die Macht des Herzens betrifft, so wurde der formalen Erforschung oder wissenschaftlichen Untersuchung dieses Wunders bis in jüngster Zeit wenig oder gar keine Aufmerksamkeit geschenkt – obwohl das Bewußtsein von der Macht der Liebe so alt ist wie die Menschheit selbst. Das *Institute for Heart Math* (etwa: Institut für die Mathematik des Herzens, Anm. d. Ü.) in Kalifornien führt augenblicklich ausgedehnte

Forschungen über die Macht des Herzens durch und geht der Frage nach, wie liebevolle und anteilnehmende Gefühle sich auf uns und unsere Gesundheit auswirken. Die Mitarbeiter haben einige ausgezeichnete Bücher zu diesem Thema veröffentlicht – die Adresse finden Sie im Anhang des Buches.

Das kreative Visualisieren ist so wirkungsvoll, weil es auf sämtlichen Ebenen arbeiten kann – geistig, körperlich, emotional und spirituell. Ich hoffe sehr, daß dieses Buch Ihre Neugierde – und die Ihres Kindes – so weit geweckt hat, daß Sie diese und noch andere, subtilere Ebenen des kreativen Visualisierens weiter verfolgen.

Möge die Imagination Ihres Kindes – und natürlich Ihre eigene – eine »Macht« sein, die Ihr Leben bereichert und ihm mehr Wirkungskraft schenkt.

Buchempfehlungen

The Crystal Lady von Deborah Rozman, Planetary Publications, 1991.
Ein bezauberndes Buch mit Erzählungen für Kinder ab 5 Jahren, das Kinder mit der magischen Welt des Herzens bekannt macht. Kinder lieben die Abbildungen!

Snow Ghosts von Christopher Gilmore, Atma Ents, 1990.
Ein entzückendes Märchen, das es auch auf Kassette gibt. Für alle Altersstufen.

Spiritual Teachings for Children von Jenny Dent, White Eagle Publishing Trust, 1982.
Vierbändig. Spiele, Projekte und Meditationen für Kinder aller Altersstufen.

Every Day Can Feel Like Christmas von Paula Elliot, Planetary Publications, 1992.
Ein Band mit Erzählungen und farbigen Abbildungen, der Kindern beibringt, wie sich jeder Tag wie Weihnachten anfühlen kann. Ab 3 Jahren.

50 Simple Things Kids Can Do to Save the Earth von John Javna, The Earth Works Group, 1990.
Ein großartiges Buch voller Experimente, Tatsachen und aufregender Dinge, die Kinder – und Erwachsene! – tun können. Dieses Buch kann Kindern das Vertrauen und Gespür dafür vermitteln, daß sie es in der Hand haben, Dinge zu verändern. Viele dieser Aktivitäten eignen sich im Rahmen der Sitzungen im kreativen Visualisieren.

Teen Self Discovery von Doc Lew Childre, Planetary Publications, 1992.
Ein Buch für (amerikanische) Teenager über Selbstachtung, innere Sicherheit und »innerlich erwachsen werden«. Geschrieben in einer Sprache für Teenager, eignet sich dieses Buch ausgezeichnet dafür, Teenager mit ihren Gefühlen vertraut zu machen und anzuleiten, ein positives Selbstbild zu entwickeln.

Für Kinder und Eltern

Meditation für Kinder von Deborah Rozman, Bauer, 1991.
Ein klassischer Bestseller für Eltern, der diese Schritt für Schritt anleitet, ihren Kinder zu helfen, dem Leben mit neuer Zuversicht und Freude zu begegnen.

Mit Kindern meditieren von Deborah Rozman, Fischer, 1990.
Meditations-Übungen für Kinder einschließlich Unterrichtsplänen für Kinder von der Vorschule bis zur 8. Klasse. Auch auf Kassette.

Joy in the Classroom von Stephanie Herzog, Planetary Publications, 1982.
Ein erfrischendes, direkt vom Herzen weg geschriebenes Buch für Eltern und Lehrer. Einfache aber wirkungsvolle Übungen, die die kindliche Kreativität freisetzen und zu Durchbrüchen im verbalen, künstlicherischen und geschriebenen Ausdruck führen.

Notes to my Children – A Simplified Metaphysiscs von Ken Carey, UniSun, 1982.
Ein weiterer Klassiker. Dieses Buch enthält viele Märchen, die den kindlichen Geist in allen Menschen wecken.

Für Eltern und andere Erwachsene

Stell dir vor! Kreativ Visualisieren von Shakti Gawain, Rowohlt, 1986.
Der klassische Bestseller über kreatives Visualisieren. Mit klaren und praktischen Anleitungen.

Der Hund, die Möhre, der Samowar und das Fischerboot. Die Heilkraft der inneren Bilder von Dina Glouberman, Piper, 1994.
Kreatives Visualisieren, angewandt in Therapie und Beratung.

I see Myself in Perfect Health von David Lawson, Healing Workshops Press, 1990.
Kreative Visualisierungen für die Gesundheit. Anregungen für Ihre Vorstellungskraft, um sich persönlich zu heilen oder die eigene Gesundheit zu verbessern.

Silva Mind Control von José Silva und Philip Miele, Heyne, 1989.
Techniken und Übungen in kreativem Visualisieren von einem der führende Pioniere auf diesem Gebiet.

Meditationen im Licht von Shakti Gawain, Heyne, 1992.
Einfache Meditationen und Visualisierungen, die es auch auf Kassette gibt (Sphinx Verlag).

Der mögliche Mensch. Handbuch zur Entwicklung des menschlichen Potentials von Jean Houston, Rowohlt, 1987.
Ein Buch zum Lesen und Nachmachen! Viele wunderbare Übungen für die Arbeit mit dem bildlichen Körper. Jean Houston ist eine Pionierin auf diesem Gebiet.

Musikempfehlungen

Spannungen loslassen (schütteln)

Spirit of the Rainforest von Terry Oldfield.

Dance the Devil Away von Outback.

Oder andere gute afrikanische Trommel- und Schlagzeugmusik.

Tanzimprovisation

Die Vier Jahreszeiten von Vivaldi.

Appalachian Spring (Copeland) mit dem Detroit Symphony Orchestra.

Variations. Andrew Lloyd Webber mit Julian Lloyd Webber.

On Your Toes. Rodgers and Hart Original Soundtrack.
(Wenn Sie diese oder andere Musicals einsetzen, sollten Sie möglichst die instrumentalen, nicht die gesungenen Stücke auflegen.)

Cats von Andrew Lloyd Webber.

Ausdruckstanz

Soil Festivities von Vangelis.

Electric Cafe von Kraftwerk.

Blue Tango Symphonic Pops. Leroy Andersen.

Atemmusik/Hintergrundsgeräusche

An Island Called Paradise von David Sun.

Whales & Sounds of the Sea (three dimensional environmental sounds with subliminals).

142

Ocean Waves (with subliminals) und *Ocean Waves at Sunset*.

Ruhige Musik für Meditationen und Visualisierungen

Harmony von David Sun.

The Healing Harp mit Patricia Spero.

The Calmer Panorama von Tim Wheater.

Radiance von Steve Halpern.

Music from the Pleiades von Gerald Jay Markoe.

The Enchanted Forest von David Sun.

Sea Green von Sara Wexel.

Kassetten für Kinder

Peter und der Wolf von Sergej Prokofjew.

Buddy Bubbles. Games for a Child's Heart (für Kinder von 2 bis 6 Jahren).

The Heart Way (für Kinder von 6 bis 9 Jahren).

Nützliche Adressen

The Institute of Heart Math
PO Box 1463
Boulder Creek
California 95006, USA

Planetary Publications
PO Box 66
Boulder Creek
California 95006, USA

Kinderakademie Sterntaler
Bildungsträger für Gesundheits-
pädagogik
Font anestr. 7
D-13467 Berlin
Tel.: 030/405 89 50
Fax: 030/404 01 86

Bei folgenden Adressen erhalten
Sie Auskünfte über
The Silva Method:

Brigitte Zimmermann
Eisenacherstr. 101
D-10781 Berlin, Tel.: 030/215 92 62
Fax: 030/215 62 58

Sabine Morgenthal
Böhmerwaldweg 9
D-1 13589 Berlin, Tel. 030/372 79 50
Fax: 030/371 16 86

Uwe Lücker
Am Schwarzen Berg 10
D-664521 Groß-Gerau
Tel.: 06152/572 36

Albert Haller
Neubaustraße 26
A-4400 Steyr
Tel.: 07252/25136
(45136)
Fax: 07252/285254 (485254)

Gitta Camenzind
Buchholzstraße 169
CH-8053 Zürich
Tel. 01/55 36 57 (9-12 Uhr), 01/391 60 94
Fax: 01/392 04 54

Elke Rickenbach
Hinter Zünen 9
CH-8702 Zollikon
Tel. 01/391 60 94
Fax: 01/392 04 54